# Böse Weihnachten

Herausgegeben von
Lutz-W. Wolff

Deutscher Taschenbuch Verlag

Originalausgabe
Oktober 1993
6. Auflage Oktober 1998
Deutscher Taschenbuch Verlag GmbH & Co. KG,
München
Alle Rechte vorbehalten
(Siehe auch Quellenhinweise S. 171 ff.)
Umschlagkonzept: Balk & Brumshagen
Umschlagbild: © Rotraut Susanne Berner
Gesamtherstellung: C. H. Beck'sche Buchdruckerei,
Nördlingen
Gedruckt auf säurefreiem, chlorfrei gebleichtem Papier
Printed in Germany · ISBN 3-423-20212-2

# Inhalt

KETO VON WABERER

# Familienfest

»Basta ... ich kann nicht mehr, Weihnachten macht alle
Leute so gräßlich«, sagte Emilio, der ansonsten höflichste
und geduldigste aller Kellner, und stellte einen Teller
Gnocchi mit so kühnem Schwung vor mir ab, daß ich
zusammenfuhr. Wir schrieben den 21. Dezember, und
fürwahr, um mich herum im Lokal saßen lauter grämli-
che, nervöse Leute und starrten aggressiv auf ihre Teller.
»Du fährst doch sicher heim«, fragte ich, ängstlich bemüht, Emilios Laune zu heben. Ich hatte Erfolg, seine
verkniffene Miene erhellte sich, und er rief: »Natürlich –
am 23. fahr' ich los und brettere durch bis Sizilien – ich
habe heute in Milazzo angerufen ...« Er blickte um sich
und flüsterte: »Mama hat schon angefangen zu kochen!«
Damit eilte er weiter und ließ mich etwas betäubt vor
meinem Teller sitzen. Jawohl, ich fühlte Neid – an den
Tisch in Milazzo hätte ich mich gerne auch gesetzt.
    Wie kommt es nur, daß ich mir ein Weihnachten bei
einer fremden italienischen Familie so weitaus genüßli-
cher vorstelle als das Fest im Kreise meiner Lieben?
    Ich kenne in Deutschland nur wenige Leute, die so
gerne nach Hause »brettern« zu Weihnachten wie Emilio. Ich weiß nicht genau, woran das liegt, vielleicht am
psychologischen Druck, mit dem das Fest einhergeht. Zu
Weihnachten muß man nach Hause! Harmonie, Gesellig-
keit, Dankbarkeit, Kinderseligkeit und Mutterliebe, alles
soll an diesem Abend hergestellt werden – und dann die
weihnachtlichen Festessen, ohne die es einfach nicht geht.
Alle glücklich zusammen unterm Lichterbaum! Guter
Gott, da führt kein Weg vorbei.
    Natürlich fällt einem dabei sofort die fatale Weih-
nachtshysterie ein, die Bölls Bürgerfamilie in der Geschichte ›Nicht nur zur Weihnachtszeit‹ befällt, in der die

von einem Bombenangriff aus dem Konzept gebrachte Mutter nur mit einem allabendlichen Weihnachtsfamilienfest beruhigt werden kann – und das jahrelang.

Bei uns zu Hause warf das Fest in meiner Kindheit schon wochenlang seine Schatten voraus, nicht nur die lästige Schenkerei, die Frage, wer kommt, wer nicht, die Frage, Krippe ja oder nein (eine Krippe, die das halbe Zimmer einnahm). Der kitzligste Punkt war der stille Kampf der Veranstalter um das Liebesmahl. Drei klassische Vorstellungen prallten aufeinander. Großmutter: Karpfen, Mutter: Gans, Vater: Truthahn. Jeder hatte seine Strategie im Durchsetzen seines bevorzugten Gerichts. Mein Vater schwärmte von seiner Kindheit, mit umflortem Blick und, wenn nötig, mit bebender Stimme. Oma: »Karpfen bis die Zähne schnarpfen« war ihr Kampfruf, führte ihre empfindliche Pankreas ins Feld. Meine Mutter kämpfte verbissen mit der Verschleppungsmethode. »Bitte jetzt nicht«, sagte sie am Familientisch, wenn das Thema Weihnachtsessen angeschnitten wurde. »Ich kann mich jetzt nicht verrückt machen lassen mit einer Streiterei, morgen vielleicht«, und sie legte die Hand über die Augen.

Uns Kindern war es ziemlich egal, was es geben sollte, und bis heute ist mir schleierhaft, wieso es ausgerechnet an diesem Abend jedem so wichtig zu sein schien, seine Vorstellung vom Weihnachtsessen zu verwirklichen.

Leimers allerdings von nebenan, bei denen es immer heiße Würstchen und Kartoffelsalat gab, verachteten wir insgeheim und auch die neureiche Familie Posch, die im Kerzenschein immer Fleischfondue aß, schien uns unwürdig und nicht traditionsbewußt. Selbstverständlich rief Tante Berta an und plädierte für Sauerbraten. Sie wurde abgeschmettert. Meist setzte sich Omas Karpfen durch, denn sie, als lachende Dritte, bot die Alibilösung im verhärteten ehelichen Machtkampf.

Nun war es aber so: Im Vorfeld des Geschehens wurden bereits solche Massen an Energie verpulvert, daß die

Hausgemeinde am Heiligen Abend flach atmend in den Seilen hing. Nur die zugereisten Verwandten hatten noch die Kraft, eine festliche Konversation aufrechtzuerhalten und bei auftretenden Stromschnellen im Ablauf des Abends Erste Hilfe zu leisten, zum Beispiel, als der Herd ausfiel (die Gans halb gar im Rohr und keine Sicherung zu finden) oder als der Karpfen zu Brei zerfallen war, weil ... (es konnte nie geklärt werden, wen die Schuld traf), oder als Tante Cleo nach dem ersten Mund voll Preiselbeersauce diese fürchterliche Allergie bekam und ihre Augen zuschwollen wie Schlitze in einer Spardose.

Irgendwie mit übermenschlicher Anstrengung und nicht ganz ohne Opfer gelang es aber doch stets, den Abend in die für ihn vorgesehene goldene Form zu pressen, und nach dem letzten Schnaps, bei niedergebrannten Kerzen (Oma saß neben einem Eimer mit Sand), versicherte man sich mit Rührung in der Stimme, daß noch nie, noch nie ein Weihnachtsfest so schön gewesen sei. So ist das eben.

Oma weinte dann und sagte – und wir Kinder warteten schon darauf –, das sei nun gewiß ihr letztes Weihnachten. Meine Mutter stellte wie immer fest, daß die Geschenke meines Vaters ihr nicht wirklich paßten oder gefielen, und mein Vater schaute auf die Uhr und drängte zur Christmette (das einzige Mal im Jahr, daß er in die Kirche kam).

Damals, so scheint es mir heute, lag immer Schnee, und wenn man hinaustrat in die kalte klare Luft, den neuen Schal um den Hals gewickelt, atmete man auf, wie nach einer gewonnenen Schlacht.

Heutzutage sind die Dezember oft sonnig und lau. Man selbst ist mit einem Hausstand behaftet und hat sich vorgenommen, die Sache ganz locker anzugehen. Man hat Weihnachtsmenus in etlichen Gazetten studiert, die Schenkerei, schon vorher, durch einen Rundruf auf ein Minimum beschränkt, den Champagner bestellt und glaubt nun, diesmal ohne Streß durch den 24. zu kommen. Weit gefehlt!

Der alte Weihnachtsdruck holt einen ein, und ich gebe Emilio recht, dieses Fest bringt nicht gerade das Beste im Menschen hervor. Das Fest der Liebe eben. Einsame Freunde fordern plötzlich gebieterisch, eingeladen zu werden, aber davon will der inzwischen verwitwete alte Vater nichts hören, er trägt schon schwer genug daran, daß es keinen Baum mehr geben soll. Leute rufen einen an und fragen, was sie dem oder jenem schenken sollen, andere zetern über den Aufwand, den die Stadt mit ihren Lichtergirlanden treibt, schicken einem Pamphlete mit hungernden Kindern, drängen einen, das Fest zu boykottieren. Redakteure und Ladeninhaber, Kollegen und Familienmütter taumeln auf den endgültigen Kollaps zu und lassen einen dies deutlich fühlen. Jugendliche geben kurz vor dem Fest bekannt, sie kämen diesmal nicht, diese Feierei hinge ihnen zum Halse raus (ist das zu glauben?), Tante Cleo ißt nur noch vegetarisch, aber wo soll sie hin, die Gute? Seit Jahrzehnten ist sie es gewohnt, zu Weihnachten ihre Kräutersäcke hier bei ihren Lieben abzustellen.

Gelegentlich denke ich mit nebulösem Mitgefühl an meine Mutter, seltsamerweise bleibt der Weihnachtsaufwand, auf dem alle bestehen, dies aber nicht zugeben, doch immer an den Frauen hängen. Aber weiß Gott, ich habe noch Glück. Meine Freundin Gesine muß jedes Julfest ihre zänkische Mutter, ihren depressiven geschiedenen Ehemann (Vater ihres Sohnes) und den jeweiligen Freund unter einen Baum kriegen. Der Lover, je nachdem, wie vertraut er schon mit familiären Weihnachtskrisen ist, verschwindet womöglich auf Nimmerwiedersehen, noch ehe der Baum entzündet wird. Das ist schon vorgekommen – jawohl, er wollte Zigaretten holen – lachen Sie bitte nicht –, und das zu Heiligabend.

Seit mein Freund Klaus die Frau mit dem Adelstick geheiratet hat, sitzen ganze Heerscharen verarmter Nobelleute um seinen Festtisch. Sie bestehen auf Stil und guter Garderobe und sind trinkfester als das Gastehepaar.

Adelheid, die Gute, lud zum Heiligabend zwei entlassene Strafgefangene zu sich, die wohnen jetzt bei ihr in der kleinen Wohnung. Die Katze mußte sie aufgeben.

Holger feiert diesmal nur mit seiner Frau, seit dem letzten Fest sprechen die beiden Familien nicht mehr miteinander, dafür rufen sie alle oft bei Holger an, meist gerade, wenn das erste Lied gesungen wird – zweistimmig diesmal.

Aus der Statistik weiß man, daß zu Weihnachten die Rate der abhanden gekommenen Männer steigt, mittlerweile auch die der Frauen, das wundert mich nicht. Außerdem, so liest man mit flauem Gefühl im Magen, steigen die Polizeieinsätze in bürgerlichen Haushalten, nein, nicht um brennende Bäume zu löschen, sondern weil Mama mit dem Tranchierbesteck auf Papa losgegangen ist, weil Papa dem Verlobten seiner Tochter eine Sektflasche über den Kopf gehauen hat und weil Oma vom Enkel an den Rollstuhl gefesselt wurde, weil sie ihn daran hindern wollte, alle Heidesandplätzchen auf einmal aufzuessen. Schon wahr, das hat's früher alles auch gegeben, nur damals trachtete man danach, es nicht an die Öffentlichkeit dringen zu lassen. Meine Mutter hätte auch nie vor Außenstehenden zugegeben, daß der Gänsebraten zäh war wie Leder und daß Onkel Bertold nach zuviel Weihnachtswhisky mit einer Lebkuchendose auf seine Kusine zielte, damit Vetter Egon traf und ein blaues Auge von ihm verpaßt kriegte.

Zurück zum modernen Christfest unserer Tage, dem Fest der Fressereien. Nicht alle Leute kochen noch so wie Emilios Mutter und meine gute Mama seinerzeit. Wer am Weihnachtstag entsetzlicherweise einkaufen gehen muß, Lachs, Kaviar, Gänseleberpastete und so, Sie verstehen?, findet sich in der Gesellschaft von wild vor den Glastheken wuchernden, gehetzten Menschen am Rande des Nervenzusammenbruchs. Es überkommt einen ein seltsames Gefühl von Weltuntergang. Diese Leute kaufen so verzweifelt ein, als wäre schon morgen eine Hungersnot zu erwarten, die Sintflut – was weiß ich. Das sind die, die nicht kochen, sondern es »kalt und fein« wollen unter den Tannenzweigen. Man stelle sich vor, es wäre plötzlich keine geräucherte Gänsebrust mehr zu kriegen oder die französischen Käse wären schon alle. Das würde die Sternenstimmung am Gabentisch empfindlich stören.

Beim Friseur letztes Jahr am 23. 12. hockten lauter Damen, die sich gegenseitig erzählten, was sie noch kaufen müßten, was sie schon gekauft hätten und wo, es ging immer nur ums Essen. Die Hand meiner Friseurin zitterte beim Schneiden meines Ponys. »Die ganze Familie von meinem Kuno kommt«, sagte sie, »und letztes Jahr hab' ich doch das Kalbsgulasch versalzen, jetzt gibt's griechisch – kalt ... aber mir selber schmeckt das gar nicht, ich mach's nur wegen ihm.« Es hätte nicht viel gefehlt, und sie hätte die Hände gerungen.

Harmonie, die sich unter Druck entfalten soll, ist flüchtig. Der despotische Wunsch nach Frieden, am Fest des Friedens, erweist sich als Sprengsatz.

Also gut, Weihnachten ist eine emotionelle und kulinarische Hürde, die sozusagen als dickes Ende dem vergangenen Jahr folgt. Seltsam. Noch nie habe ich so viel Aufhebens um Silvester erlebt.

Es ist wahr, daß ich, so wie der eine Sohn in Bölls Geschichte, jahrelang in ein tropisches Land entwichen bin, das sich dadurch auszeichnete, daß es dort keine Tannenbäume gab.

Wer nun glaubt, ich wäre am Heiligabend mit einem Cuba libre am Strand gelegen, täuscht sich. Die alten Muster sitzen teuflisch fest. Was tat ich? Ich stand kopf, um einen geeigneten Baum aufzutreiben, ich riß mir ein Bein aus, um Kerzen beizubringen, Schmuck und Plätzchen. Ich fuhr tagelang über Land, um einer Gans habhaft zu werden, und wenn's mir irgendwie möglich gewesen wäre, hätte ich falschen Schnee gekauft, für die Fensterbretter.

Mit meinem frischgebackenen mexikanischen Ehemann hatte ich am Heiligen Abend den ersten handfesten Krach. Ich warf den selbstgebackenen Stollen nach ihm, und der, weil er hart wie Beton war und schwer wie Blei, gab ein verletzendes Wurfgeschoß ab – über die Folgen will ich hier nicht weiter sprechen. Fest steht, die goldene deutsche Weihnacht im Familienkreis verfolgt einen Menschen bis ans Ende der Welt.

# Das Weihnachtsmahl der Untermieter

Am Nachmittag lud Frau Rossi ihre beiden Zimmernach-
barn zum Weihnachtsmahl ein.

Herr Anders, den sie ziemlich gut kannte, sagte sofort
zu. Er lag noch im Bett, weil er bis in den späten Morgen
hinein getrunken hatte, und starrte sie aus erstaunten roten Augen an. Er begriff gar nicht, was sie sagte, knurrte
»ja« und schlief sofort weiter. Erst zwei Stunden später,
als er völlig erwachte, fiel ihm die Einladung wieder ein,
und er beschloß, sie anzunehmen, weil er erstens schlecht
bei Kasse war und zweitens nicht wußte, wo er sonst
hätte hingehen können.

Fräulein Anreither, die in ihrem winzigen Kabinett saß
und an einem Petit-point-Täschchen stickte, sagte zu,
weil sie mit Brennstoff knapp war und außerdem, um bei
der Rossi, die in ihren Augen eine Verlorene war, nicht
den Eindruck von Hochmut zu erwecken.

Also ging Frau Rossi an die Vorbereitungen. Sie durfte
als einzige der Untermieter die Küche benützen und be-
wohnte auch, weil sie die Zahlungskräftigste war, das
größte und schönste Zimmer.

Gegen sechs Uhr ging die Besitzerin der Wohnung,
eine Hofratswitwe, zu ihrer verheirateten Tochter, und
wenige Minuten später kam Herr Anders in die Küche
und holte sich in einem kleinen Blechnapf heißes Wasser
zum Rasieren. Frau Rossi begoß fleißig den Braten, richtete den Salat an und füllte die schon am Vortag gebacke-
ne Torte. Sie war eine große, starkknochige Person von
etwa vierzig Jahren und hatte eine schöne, biegsame Figur
und dichtes rotbraunes Haar.

Nachdem Herr Anders ins Badezimmer gegangen war,
kam auch Maria, die blonde Studentin, in die Küche und
holte sich ein großes Glas Wasser zu einer Limonade.

Was sie denn am Abend vorhabe, erkundigte sich die Rossi, und Maria sagte, sie habe gar nichts vor und werde zu Hause bleiben, soweit man überhaupt von zu Hause reden könne. Da lud Frau Rossi auch sie zum Festmahl ein, denn sie mochte das Mädchen gern und war in großzügiger Laune.

Um acht Uhr versammelte man sich um den runden Tisch, nur Herr Anders kam ein wenig zu spät, und die Frauen erkannten ihn fast nicht, denn er war glatt rasiert, sein schwarzes Haar gekämmt und seine Hose, seltsamerweise, wie gebügelt.

Fräulein Anreither fühlte sich verpflichtet, ein wenig Konversation zu machen, aber beim Anblick des saftigen Bratens vergaß sie auch das, und bald hörte man nichts mehr als das zarte Kauen, Glucksen und Schmatzen der Essenden. Erst beim Nachtisch, als jeder schon mehr oder weniger gesättigt war, kam ein Gespräch auf.

Frau Rossi drehte das Radio an, und man vernahm die ersten Weihnachtslieder: ›O Tannenbaum‹, ›Ihr Kinderlein kommet‹ und ›Leise rieselt der Schnee‹. Und das machte sie alle ein wenig verlegen, bis auf Maria, die mit ihren neunzehn Jahren ein halbes Heidenkind war und keinerlei Erinnerungen mit diesem Gesang verband. Mit ihrem glatten, metallisch glänzenden Ponyhaar über der runden Stirn, dem rotgeschminkten kleinen Mund und der wundervollen rosigen Haut glich sie einer großen Puppe, und Herr Anders ertappte sich bei dem Wunsch, sie in den bloßen weißen Arm zu kneifen, nur um zu spüren, ob sie tatsächlich aus Fleisch gemacht sei.

Die Rossi, die ihn nicht verstand, lächelte träge. Fräulein Anreither sah mißtrauisch von ihrer Torte auf, überzeugt davon, daß selbst den harmlosesten Worten dieses Menschen eine geheime Unanständigkeit anhaften mußte.

Maria beachtete ihn überhaupt nicht. Sie interessierte sich nicht für Leute, die keinen Erfolg im Leben hatten und tagelang betrunken herumlagen. Da seufzte Herr Anders und wandte sich betrübt seinem Nachtisch zu.

Auf den ersten Blick sah Maria fast ein wenig töricht aus, sie war es aber nicht, denn wenn sie auch nicht genau hätte sagen können, was sie wollte, wußte sie doch sehr genau, was sie verabscheute. Besessen von dem Wunsch, aus ihrer armseligen Lage herauszukommen, war sie eine unerbittliche kleine Jungfrau, gewillt, sich eines Tages an den Meistbietenden zu verkaufen, für ein langes, angenehmes Leben ohne Hunger, Kälte und Schmerz. Ihre blauen Augen zeigten manchmal einen harten, ein wenig verrückten Glanz, und Anders, der sie als einziger richtig einschätzte, war davon überzeugt, sie würde selbst ihre Mutter um Geld verkaufen. Zweifellos hätte es Maria getan, aber sie erinnerte sich kaum an ihre Mutter, die sie während eines Bombenangriffes verloren hatte. Sie erinnerte sich überhaupt nur an winzige Bruchstücke ihres Lebens und dachte immerfort an die Zukunft.

Anders fröstelte und sah auf seine Nachbarin zur Rechten. Fräulein Anreither, dieses tapfere kleine Geschöpf, das sich mit Heimarbeiten durchbrachte, hatte, wie die Hofrätin zu sagen pflegte, einmal bessere Zeiten gesehen. Jetzt schob sie voll heimlicher Gier eine kandierte Kirsche in den Mund, sich ganz dem einzigen Genuß hingebend, den es für sie gab. Aber sie tat ihm nicht leid, niemand tat ihm leid, nicht einmal er selbst, obgleich die Versuchung dazu manchmal groß war.

Im Radio schickte sich jetzt jemand an, eine Ansprache zu halten, und Anders drehte es auf allgemeinen Wunsch ab.

Die Rossi räumte das Geschirr in die Küche, stellte eine Schüssel mit Lebkuchen, Äpfeln und Orangen auf den Tisch und brachte eine Flasche Rotwein zum Vorschein.

»Wenn man alt wird«, behauptete Fräulein Anreither, »vergeht die Zeit wie im Flug. Was sind zehn Jahre, gar nichts. Vor zehn Jahren hab' ich noch meine schöne Wohnung gehabt.« Sie starrte mit glänzenden Augen ins Licht. »Meine Wohnung, vier Neffen und drei Nichten. Heute wären sie in den besten Jahren, müßten Kinder haben und ihren Geschäften nachgehen. Aber sie sind tot, deklassiert oder verkommen wie meine Wohnung, mein Porzellan und meine Teppiche.«

Unbehagliches Schweigen folgte diesen Worten.

»Und Sie?« sagte Fräulein Anreither streng und sah Anders mit ihren großen, wasserblauen Augen an, die von dünnen, gelben Häutchen überzogen schienen.

»Ich«, entgegnete Anders und wandte den Blick nicht von den baumelnden Mädchenbeinen, »ich hab' heute vor zehn Jahren einen Russen durch den Kopf geschossen, Schnaps getrunken und mich gefürchtet in meinem Erdloch.«

»Abscheulich«, stellte Fräulein Anreither fest.

»Wahrscheinlich«, gab Anders zu, »aber umgekehrt wäre es für mich noch viel abscheulicher, dann hätte ich nämlich nicht die Ehre, heute neben Ihnen zu sitzen.«

Plötzlich legte die Rossi, die bis jetzt merkwürdig ruhig gewesen war, den Kopf auf die Arme und fing erstickt zu schluchzen an.

Anders seufzte, schenkte sich das Glas voll und schüttete es hinunter. Der Anblick der weinenden Frau machte ihn nervös und gereizt. »Aber, aber«, murmelte er töricht, »wer wird denn weinen, morgen kommt er ja wieder.« Die Rossi hob das tränenüberströmte Gesicht und starrte ihn verständnislos an. Der Schmerz saß als weißglühender Fleck in ihren Augen und ließ ihn zurückweichen. Dann lachte sie: »Glaubst du, ich hab' schon einmal um einen Mann geweint?«

Fräulein Anreither tätschelte ihren Arm und flüsterte: »Er versteht das nicht, meine Liebe; aber ich weiß, warum Sie weinen.« Sie war offenbar ein wenig betrunken.

Die Rossi schüttelte die kleine Hand ab. »Sie verstehen das?« höhnte sie. »Sie sind doch gar kein richtiger Mensch, nur so aus Wachs oder Pappendeckel.« Ihre schönen, großen Hände fegten verächtlich über das

Tischtuch hin. Wie sie so über den Tisch hingeworfen lag, war sie häßlich und faszinierend zugleich mit dem zerzausten Haar, den verklebten Wimpern und den roten Flecken im weißen Gesicht.

»Ich hab' ein Kind gehabt, aber sie haben es mir genommen. Es war so finster auf dem Bahnsteig, und ich hab' doch Wasser holen müssen. Es hat geweint vor Durst und dann«, sie drückte die Faust gegen den Mund und war fast nicht zu hören, »dann war der Zug plötzlich weg! Verstehen Sie das, einfach weg.«

»Nein«, sagte Fräulein Anreither.

»Ich hab's auch nicht verstanden«, flüsterte die Rossi. »Weißt du«, sagte sie dann, »wie es ist, wenn man einen erschlagen oder erwürgen will, weißt du es?«

»Ich hab' es einmal gewußt«, sagte Anders, »aber ich hab's vergessen. Du mußt es auch vergessen.«

»Nein«, sagte die Rossi, »nein, und wenn ich wüßte, wer dran schuld ist, ich würde ihn, ich würde ihn ... Aber sie sind alle so klug und glatt und unschuldig, und sie reden, bis man schwindlig wird von ihren Lügen.« Sie legte die Hand um den Hals der Weinflasche. »Man müßte sie alle ...«

Anders sah die kräftige Frauenhand, die sich um den dunklen Flaschenhals schloß, bis auch die Nägel weiß wurden.

Peinigende Leere quälte ihn, wie immer, wenn er auf ein Gefühl stieß, das sich so schamlos und wild äußerte. Ohne zu wissen, was er tat, fuhr er fort, die Frau zu streicheln.

»Sie sollten so etwas nicht sagen«, sagte jetzt Fräulein Anreither, »obgleich Sie recht haben; man müßte sie nämlich wirklich erwürgen.« Sie sprach das Wort aus, als komme es zum erstenmal im Leben über ihre Lippen. »Aber Sie dürfen diesem Gefühl nicht nachgeben, es führt zu nichts.« Sie stand auf, eine kleine Gestalt im grauen Seidenkleid, und drehte das Radio an. »Holder Knabe im lockigen Haar«, sang ein Kinderchor, »schlaf in himmlischer Ruh.« Anders wünschte, in die Erde zu versinken, aber nichts geschah. Die Rossi ging ins Bade- zimmer, und man hörte das Wasser laufen.

»Stille Nacht, heilige Nacht«, erklang es von neuem, und immer wieder würde es erklingen, dieses Lob, das von der Erinnerung der Menschen an ihre verlorene Un- schuld lebt; von Erinnerungen an weißbehangene Tan- nenbäume, zartes Schellengeklingel, Schnee, Weihrauch- wolken, schwarzspiegelnde Eisflächen und die geliebten Gesichter, die es nicht mehr gibt.

Anders lauschte diesem Lied vom Heimweh der Menschheit und spürte den Atem Marias, die eingeschla- fen war, auf der Hand, auf der Hand, die befleckt war vom Schmutz seines vierzigjährigen Lebens, mit Blut, Geld und Lastern. Aber er wußte, daß er sein Leben nie ändern würde. Sanft begann er die Schulter des Mädchens zu streicheln.

Die Rossi kam wieder ins Zimmer und forderte ihre Gäste, ein wenig blaß, aber ruhig, zu einem Kartenspiel auf. Und während aus dem Radio alte Choräle erklangen, gewann Fräulein Anreither siebenmal hintereinander. Währenddessen träumte Maria, daß sie frierend und voll Angst in einer Ruine kauerte. Die Luft schmeckte bitter und staubig und brannte in ihren Augen. Dann kam ein großer Mann mit einer Soldatenmütze und hob sie in die Wärme unter seinen weiten Mantel. Von seinen Schritten auf und nieder gewiegt, wußte sie sich an dem Ort, den sie immer gesucht hatte und an dem sie bleiben wollte. Sie lächelte im Schlaf und entblößte ihre kleinen weißen Zäh- ne. Bei diesem Anblick verlor Anders die achte Partie.

Fräulein Anreither erhob sich und erklärte, zur Mette gehen zu wollen. Sie dankte Frau Rossi herzlich und kaum herablassend und ging aus dem Zimmer, eine kleine beugsame Dame, der nichts geblieben war als die Grund- sätze einer untergegangenen Klasse.

Anders fragte die Rossi, was mit Maria geschehen solle, und sie sah ihn aus schmalen Augen an und sagte: »Die

bleibt heute bei mir.« Dann wartete sie mit zusammengezogenen Brauen, bis er gegangen war. Sie öffnete die Fenster und breitete eine Steppdecke über Maria. Während
der blaue Zigarettenrauch in die kalte Nacht aufstieg, saß
sie neben dem Mädchen, streichelte das schimmernde
Haar, und es war ihr, als streichle sie auch ihr Kind und
alle verlorenen und vergessenen Kinder, ja selbst die kleinen Toten in der gefrorenen Erde.

Dann fingen alle Glocken zu läuten an, und Frau Rossi
stand auf, um die Fenster zu schließen.

GRAHAM GREENE

# Lieber Dr. Falkenheim
## Eine Weihnachtserzählung

Lieber Dr. Falkenheim,
Sie baten mich um einen Bericht – vielleicht sollte ich
besser sagen: eine Krankheitsgeschichte – über ein be-
stimmtes traumatisches Erlebnis aus der Kindheit meines
Sohnes, das mit dem Glauben an den Weihnachtsmann
zusammenhängt. Ich will versuchen, exakt zu sein und
auch meine eigenen Empfindungen nicht zu verbergen,
denn es ist mir durchaus klar, daß die Analyse eines Kindes bis zu einem gewissen Grade auch die seiner Eltern
ist. Ein Fleisch: wieviel zutreffender ist diese Bezeich-
nung für das Kind eines Mannes als für seine Ehefrau. Ich
habe das ganze Wochenende damit verbracht, das Buch
von Dr. Doppeldorf, das Sie mir empfohlen haben, zu
lesen. Es hat mich streckenweise sehr beeindruckt; bei-
spielsweise, zu erfahren, daß das Unterbewußtsein Wort-
spiele liebt oder welche Bedeutung das Zufällige haben
kann – weshalb Sie auch nicht erstaunt sein dürfen über
die Zufälligkeiten in meinem Bericht. Und hier werde ich
auch schon ausschweifend (oder soll ich lieber sagen ab-
schweifend), anstatt den kurzen Bericht zu verfassen, den
Sie von mir erwarten. Aber erwarten Sie wirklich einen
kurzen Bericht von mir? Nach der Lektüre von Dr. Doppeldorf glaube ich nicht so recht daran.

Ich weiß, daß ich mit Entsetzen Scherz treibe, und ich
weiß, daß Sie das durchschauen werden. Ich sehe mein
Kind vor mir, wie es jedes Jahr im Dezember aus der
Schule nach Hause kommt, mit einem blauen Auge oder
aus dem Mund blutend und doch voll von dem furchtba-
ren Mut, den ein einsames Kind in einer feindlichen Welt
demonstriert, weil es nicht glauben kann, daß ausgerechnet *wir* wissen, was es mit dem Leben auf sich hat. In

seinen Augen interessiere ich mich nur für das neue Preis-
treiben zwischen der Esso und der Shell, meine Frau für
den Frauenverein, und wir beide haben seine Unabhän-
gigkeit zu respektieren und ihn in Ruhe zu lassen. Die
Wunde existiert nicht, der blaue Fleck kam, weil er ge-
dankenverloren gegen eine Ziegelmauer rannte.

Mein Sohn war sechs Jahre alt, als das, was ich zu beschreiben versuche, geschah. Mit Frau und Kind war ich
gerade vor wenigen Monaten von England nach Kanada
gezogen, und noch keiner von uns fühlte sich heimisch in
der großen, stählernen, neonerleuchteten Stadt, die neun-
hundert Meter hoch zu Füßen der Rockies lag. Der Himmel schien höher und weiter als unsere englischen Himmel, er lag über den uns bisher bekannten Wolken, und
die Luft war klar und frisch wie Quellwasser. Von unserem Bungalow aus, der am Rande der Stadt lag und Kosy
Nuick hieß, konnten wir über das hügelige graue Farm-
land bis hin zu den verschneiten Gipfeln der Rockies
schauen; sie änderten stündlich ihre Farbe – waren
manchmal ein hartes, glitzerndes Weiß, manchmal ein
fahles Rosa und zuweilen sogar ein tiefes Sturmwolken-
blau.

Ich erwähne diese Umstände, um zu zeigen, daß wir
uns durchaus nicht wie in den Wilden Westen verbannt
vorkamen. Im Gegenteil: Über allem lag eine gewisse
Heiterkeit, ein Gefühl von Freiheit und Neubeginn. Und
natürlich waren wir in keiner Weise auf diesen Blitz aus
heiterem Himmel, der uns nach ein paar kurzen Monaten
wieder vertreiben sollte, vorbereitet. Wir sind nie wieder
an den Ort zurückgekehrt, und so muß das, was mein
Sohn davon in Erinnerung behalten hat, eine Sechsjähri-
genwelt sein. Ein seltsames Sammelsurium kommt zuta-
ge, wenn er davon spricht: Männer in Cowboy-Klei-
dung, die in Selbstbedienungsläden Cornflakes kaufen;
der Parkplatz oben auf dem »Hudson Bay«-Kaufhaus,
wo man vom Wagen aus den Fluß, die Dächer der Häuser
und die Berge sehen konnte; das Brüllen und Stampfen

des Schlachtviehs, das in den Viehwaggons am Bahnhof zusammengepfercht war; der Wolkenbogen über den Rockies, der den »Chinook«, einen warmen Wind, ankündigt, wenn die Temperatur innerhalb weniger Stunden von minus 30 Grad über den Gefrierpunkt ansteigt; und natürlich (aber davon spricht er nicht) die schreckliche Erinnerung, der Sie auf der Spur sind. Wir hatten in Westkanada all unsere englischen Bräuche wiederentdeckt – es gab Ostereier und keinen Osterhasen, und lange vor Weihnachten fingen Männer mit weißen Bärten an, in den Spielzeugabteilungen der beiden großen Kaufhäuser, »Hudson Bay« und »Eaton«, Kaugummi und Papierhüte an die Kinder zu verteilen. Irgendwie schien es von den Kindern stillschweigend hingenommen zu werden, daß diese Männer nur stellvertretend für den richtigen Weihnachtsmann tätig sind. Oder bringen sie sie mit den Heiligen durcheinander, die nach katholischer Lehre zu gleicher Zeit an verschiedenen Orten erscheinen können? Vielleicht ist die Vorstellung eines vielfachen Weihnachtsmannes nicht verwirrender als die Sache mit der Dreieinigkeit, die die Kinder im Religionsunterricht ohne weiteres hinnehmen sollen. Und wenn sie mit dummen Fragen kommen, wird ihnen wahrscheinlich – wie auch uns Erwachsenen bis zum heutigen Tag – vom unbegreiflichen Mysterium gesprochen.

Mein Sohn hatte seinen Wunschzettel schon Anfang November geschrieben. Keine der dort aufgeführten Sachen hätte sich in den Säcken der alten Männer vom »Bay« oder »Eaton« finden lassen, und ich glaube auch nicht, daß er dergleichen erwartete. Immer waren wir im Zweifel – Sie wissen, wie wenig Eltern ihre Kinder kennen –, ob er überhaupt noch an den Weihnachtsmann glaubte. In der Schule hatte er, da in England die Anforderungen höher sind, die erste Klasse übersprungen und saß nun zwischen abgebrühten sieben- und achtjährigen Skeptikern. Wenn ich selber an meine Kindheit zurückdenke, kann ich mich noch dunkel an eine Zeit erinnern, in der ich meinen Eltern das weihnachtsmanngläubige Kleinkind vorspielte. Sie genossen es so ganz offensichtlich: die Zeremonie mit dem Weihnachtsstrumpf am Bett, das Verkleiden (für den Fall, daß ich noch wach war) und Einschleichen in mein Schlafzimmer. Und natürlich war ich einmal zu Weihnachten wach genug gewesen, um zu bemerken, daß der Weihnachtsmann genau die gleichen braunen Delta-Schuhe trug wie mein Vater. Es ist seltsam, wie das Wort »Delta« mir im Gedächtnis hängengeblieben ist. Sie, Doktor, werden vermutlich auch dafür Ihre Erklärung haben. Das Nildelta vielleicht – Moses im Schilf – die sieben Plagen: Wie weit man es doch mit einem Paar Schuhe zu dreißig Mark bringen kann.

Ich sagte zu meiner Frau: »Laß uns doch dieses Jahr den Weihnachtsmann einfach nicht erwähnen. Wir haben mit England Schluß gemacht, also können wir auch mit dem Weihnachtsmann Schluß machen.«

»Es macht solchen Spaß, kleine Geschenke für den Weihnachtsstrumpf zusammenzubekommen«, so oder ähnlich sagte sie (ich gebe das Gespräch so wahrheitsgetreu wieder, wie nur möglich, aber nach sechs Jahren ...). »Und nur allzubald werden wir ihm seidene Krawatten und Ezra Pounds Gesammelte Gedichte schenken.«

»Es spricht ja auch nichts dagegen, daß der Strumpf noch eine Weile weiterbesteht. Wir wollen nur die Verbindung mit dem Weihnachtsmann lösen, das ist alles. Wir könnten anstelle des Strumpfes sogar eine kleine Schüssel nehmen.«

»Die hätte keine Ferse für die Mandarinen.«

Dieses Jahr war der Wunschzettel meines Sohnes ein wenig furchteinflößend, so als sei er von der NATO zusammengestellt worden. Er begann mit einer Weltraumkanone und einer taktischen Atomwaffe, die er in einem Schaufenster des »Bay« gesehen hatte. Noch das harmloseste auf der Liste – wenn man einmal vom Verwendungszweck des Urans absah – war ein Geigerzähler.

»Bei einem solchen Wunschzettel willst du mir doch nicht weismachen, daß er noch an den Weihnachtsmann glaubt«, sagte ich.

»Warum denn eigentlich nicht? Als du klein warst, hast du dir wahrscheinlich Zinnsoldaten und ein Luftgewehr gewünscht. Das ist eben der Fortschritt.«

»Ich möchte wirklich wissen, ob nicht schon jemand ein Spielzeug-Hiroshima herstellt«, sagte ich, »das dann mit diesen taktischen Atomwaffen bombardiert werden kann. Ich hätte Lust, den Einfall rechtzeitig für nächste Weihnachten patentieren zu lassen.«

Aber nächste Weihnachten war der Weihnachtsmann so tot wie eine Hammelkeule, falls dieser beliebte englische Vergleich auch hier erlaubt ist.

Wir waren uns immer noch nicht ganz einig darüber, ob man den alten Mann dieses oder erst nächstes Jahr liquidieren sollte, als meine Frau ziemlich aufgeregt von einem der großen Selbstbedienungs-Kaufhäuser zurückkehrte, die für unsere Vororte zuständig waren (keine Hausfrau hatte es mehr nötig, überhaupt noch in die Stadt zu fahren, denn in diesen Geschäften konnte man von der Waschmaschine bis zum Paperback alles einkaufen – natürlich auch Cornflakes; und einen großen Parkplatz für mindestens fünfhundert Wagen gab es auch). Sie sagte zu mir: »Der Weihnachtsmann kommt am Heiligabend aus dem Himmel an.«

»Aus dem Himmel? Und seine Rentiere?« fragte ich.

»Per Hubschrauber natürlich. Er wird kurz vor Sonnenuntergang auf dem Parkplatz landen.«

»Wir marschieren hier ganz offensichtlich in der Vorhut des Fortschrittes.«

»Es ist ein ›Eaton‹-Hubschrauber. Sie haben ›Bay‹ den Rang abgelaufen. Unser Kaufhaus ist das letzte auf seiner Route. Du mußt zugeben: Wenn dies Colins letztes Jahr mit dem Weihnachtsmann ist, dann haben wir den Vogel abgeschossen.« (So ging es bei uns immer. Mitfühlend mit dem Kind, mitfühlend mit dem Weihnachtsmann, bemüht, auf taktvolle Art dem Kind nun schonend die Wirklichkeit beizubringen. Ich kann mich nicht erinnern, daß meine Eltern soviel Aufhebens machten.) Nun, da war es also, alles von einem menschenfreundlichen Kaufhaus arrangiert: die Ankunft des Weihnachtsmannes per Hubschrauber. Freier Eintritt. Eine Gratisvorstellung. Es herrscht doch eine Atmosphäre von Großzügigkeit im amerikanischen Werbegeschäft. Und diese Art, anzukommen, hatte den Segen der Kirchen. Elias hob sich in einem Wagen in die Lüfte, der Weihnachtsmann sollte aus ihnen herniedersteigen. Natürlich war die Geschichte von Elias für Erwachsene wie mich bestimmt, wohingegen der Weihnachtsmann für die Sprößlinge war. (Ich hasse das Wort die »Sprößlinge«, vielleicht, weil ich Bambussprößlinge sehr gern esse; es ist für mich daher beinahe so, als ob man seine Kinder Kohlköpfe nennen würde.) Aber, ob ich will oder nicht, zurück zum Heiligabend; zurück zum Parkplatz vor dem gläsernen Selbstbedienungskaufhaus mit dem seilumspannten Landeplatz für den Hubschrauber, knapp so groß wie ein Haus, zu uns dreien, die wir seine Ankunft aus der Stadt erwarteten; dem hohen Himmel und der Kälte; meiner Frau, die sagte: »So was gab es zu Hause in England nicht. Mir gefällt Weihnachten hier.« Und wir beide sprachen bestimmt über die großen, weiten Landstriche und das kleine, überfüllte Europa und die beflügelte Phantasie der Werbeleute dieser Stadt, tausend Meter hoch in der Luft. Pater O'Connor stand da auch herum mit einer »Kohlkopf«-Schar aus seiner Gemeinde, die Cowboyhüte, Davy-Crockett-Mützen mit Pelzschwänzen, Blue-jeans und Windjacken mit kariertem Futter trugen. Die Sonne würde bald hinter den Rockies untergehen, und wir hörten den Hubschrauber irgendwo fern im hohen grünen Himmel; er stieg senkrecht von irgendeinem Kaufhaus in der Stadt auf, kreiste wie ein Raubvogel und kam dann eifrig auf uns zugebrummt, während die Babys in den Kinderwagen schrien und krähten. Als der Weihnachtsmann unter den messerscharfen, sausenden Propellerflügeln aus etwa siebzig Meter Höhe herabschaute, muß er Hunderte von offenen Mündern erblickt haben. Der Hubschrauber kreiste über uns, der Weihnachtsmann öffnete einen Sack, und die Luft war voll von kleinen glänzenden Paketchen, die herunterfielen. Sie fielen in die Kinderwagen, in die Cowboyhüte, landeten zwischen hohen Absätzen und Miniatur-Cowboy-Stiefeln. Genau die gleichen Dinge, die täglich vor den Kaufhäusern verteilt wurden, Kaugummi und Papiermützen – aber natürlich hatten sie, als Gaben des Himmels, einen ganz anderen Wert. Dann schaukelte der Hubschrauber leicht hin und her, setzte in der Mitte des umzäunten Platzes mit seinen großen Gummikufen auf, und ein Lautsprecher ermahnte die Eltern, ihre Kinder fernzuhalten, solange der Propeller sich noch drehte.

Das Dumme war, daß niemand daran gedacht hatte, den Weihnachtsmann zu warnen. Das Kreisen der Flügel über seinem Kopf wurde langsamer, und er wartete nicht auf die Leiter, sondern sprang, den großen Sack über der Schulter, auf den Boden. Die Flügel über seinem Kopf schnitten wie eine Sense durch die Luft, und Hunderte von Kindern kreischten vor Vergnügen über seine Landung. Vielleicht gab es auf der Rückseite des Hubschraubers Sonderbeifall, oder aber er hatte das Gefühl, daß die Kinder dort ihn nicht richtig sehen könnten. Jedenfalls ging er um die Maschine herum, um sich dort zu zeigen. Aber er hatte völlig vergessen – falls er es je gewußt hatte –, daß ein Hubschrauber nicht nur oben einen Propeller hat, sondern auch hinten, und in den marschierte er prompt hinein. Die Propellerblätter erfaßten seinen Körper und beförderten ihn in einer Art gewaltsamem Tanz den Weg zurück, den er gekommen war, sein Kopf wurde sofort abgesäbelt, durch die Luft gewirbelt, mitsamt dem weißen abnehmbaren Bart und allem, und landete ein paar Schritte weiter, mit offenen Augen und erstauntem Blick, ehe der Körper seinen Tanz zu Ende getaumelt hatte.

So also entstand das Trauma – Ihnen und Dr. Doppeldorf verdanke ich die Kenntnis dieses Wortes. Meine Frau hat außer Beruhigungstabletten eine Menge Zeit darauf verwendet, dem Kind zu erklären, daß es doch nur ein alter Mann namens Jeff Drew war, der da gestorben war, und nicht der Weihnachtsmann. Die Zeitungen taten ihr Bestes, um sie Lügen zu strafen mit ihren eindeutigen Schlagzeilen ›Der Tod des Weihnachtsmannes‹ und ähnlichem, und die Stadtväter trugen das Ihre zu der Verwirrung bei, indem sie dem alten Mann, der nach ein paar Wochen bestimmt wieder Fürsorgeempfänger gewesen wäre, ein aufwendiges Begräbnis mit berittener Polizei und Stechpalmenkränzen gaben. Ein Weihnachtsbaum mit bunten elektrischen Kerzen wurde auf dem Grab aufgestellt, und die Schulkinder veranstalteten eine Prozession, bei der ich meinen Sohn allerdings nicht mitgehen lassen wollte. Ich wollte, daß er die Geschichte so schnell wie möglich vergessen solle, und genau das hat er nicht getan. Und so ist er jetzt im Alter von zwölf Jahren die Zielscheibe des Spottes seiner Altersgenossen geworden: Jedes Jahr, wenn der Dezember naht, muß er sich nicht endenwollende rohe Scherze gefallen lassen, und das Ergebnis ist, daß er sich in Schlägereien einläßt, bei denen er den kürzeren zieht. Wie sollte er auch nicht? Er ist ja in einer ewigen Minderheit, steht immer allein, weil er glaubt, daß es den Weihnachtsmann wirklich gegeben hat. »Natürlich gibt es ihn«, sagt er, einem frühen Christen nicht ganz unähnlich, »ich habe doch gesehen, wie er starb.« Er ist tot und somit unsterblich. Bitte, Doktor, tun Sie, was Sie irgend können ...

MARLEN HAUSHOFER

# In dulci jubilo

Auf dem Programm steht: »›In dulci jubilo‹, gesungen
von Felizitas Hauser, Schülerin der 2. Kl. Hauptschu-
le.« – Ich habe bis jetzt zwei Weihnachtsgedichte, einen
Sprechchor und eine Krippenszene angehört und fange
an, müde zu werden. Der Tag war eine einzige Hetzjagd,
und wenn nicht meine Nichte den heiligen Josef spielen
würde, wäre ich gar nicht gekommen.

Felizitas Hauser tritt jetzt auf die Bühne und verneigt
sich. Ich sitze in der ersten Reihe und sehe sie ganz genau,
eine Zwölfjährige mit rundem, sommersprossigem Gesicht, steifen braunen Zöpfen und verrutschten Garn-
strümpfen. Sie sieht aus, als hätte man sie mit Gewalt in
ihr knappes schwarzes Kinderkleid gepreßt.

Arme Felizitas, sie muß also öffentlich singen. Die
rechte Hand hält sie mit der linken krampfhaft fest, als
fürchte sie, sie sonst zu verlieren. Aus dem Ärmel sieht
ein weißes Taschentuch, und das linke Schuhband ist
durch ein schwarzgewichstes Stück Spagat ersetzt. Ich
habe sehr scharfe Augen und erinnere mich an Zeiten
genau, in denen auch ich manchmal Spagatschnüre als
Schuhbänder verwendete oder rasch ein Loch im Strumpf
mit einer Sicherheitsnadel zuheften mußte.

Felizitas beginnt zu singen. Ihre Stimme ist hoch und
klar und noch ganz ohne Ausdruck. Und plötzlich erken-
ne ich sie. Auch ihre Mutter hatte so viele Sommersprossen und rötlichbraune Augen. Und sie liebte es, ihren
Kindern Wiegenlieder vorzusingen mit ihrer schönen
Stimme, die schon lange verstummt ist.

Ja, damals bei deiner ersten Weihnacht, Felizitas, war ich
auch geladen. Du warst ein kleiner Spätling, deine Brüder
waren schon erwachsen, deine Schwester sechs Jahre.

An deine Schwester erinnere ich mich sehr deutlich, sie

war so ein rundes, zutrauliches Ding, und wenn man sie
um ihren Namen fragte, piepste sie strahlend: »Liebling
Hauser.« Ich weiß gar nicht, wie sie wirklich hieß, alle
nannten sie »Liebling«. Ihre Augen waren blau wie die
deines Vaters, und wir neckten sie immer damit, daß sie
noch einmal an seinem Knie festwachsen würde, denn
sobald er sich setzte, kletterte sie an ihm hinauf, streckte
den Daumen in den Mund und begann vor Behagen wie
eine Katze zu schnurren.

Dein Vater, Felizitas, war ein sehr guter Mensch. Ich
finde, man sollte dir das sagen, wahrscheinlich weißt du
es noch gar nicht. Er kannte keine andere Freude als seine
Familie und seinen Beruf. Bei deiner Geburt war er schon
über fünfzig und hätte mit seinem grauen Haar eher dein
Großvater sein können. Und er war so glücklich über
dein Erscheinen, das von allen Bekannten als Unglück
angesehen wurde. Damals war nämlich die Lage deines
Vaters schon unhaltbar geworden. Er quälte sich damit
ab, seine Sorgen vor deiner Mutter zu verbergen, aber er
hätte ihr natürlich gar nichts verbergen können. Vielleicht hoffte er noch immer, daß ihm Gerechtigkeit zuteil
würde. Ich glaube, er war nicht fähig, jene tückische Dro-
hung, die über ihm hing, ganz zu verstehen. Bestimmt
war es gut für ihn, daß er gleich zu Beginn der Schrecken
gehen durfte.

Damals also, Felizitas, an jenem Weihnachtsabend
1939, saßen wir um den großen runden Tisch im Wohnzimmer. Die Bescherung war vorüber, Liebling war auf
deines Vaters Knie geklettert, und dich hatte man mit
deinem kleinen Korb ganz nahe an den Tisch gerückt.
Dein Vater schnitt den Braten an. Sein Gesicht, das schon
ein wenig grau und verfallen wirkte von den vielen schlaf-
losen Nächten, strahlte noch einmal in seiner alten Fröhlichkeit.

Es war übrigens sein Wunsch gewesen, dich Felizitas
zu nennen. Deine Mutter fand den Namen ein wenig
überspannt, aber sie lächelte nachsichtig dazu. Blaß und

spitz saß sie neben deinem Körbchen, eine schlanke Frau mit vielen Sommersprossen auf der Nase und einem rötlichen Funken in den braunen Augen. Deine Eltern waren 21 Jahre verheiratet und gingen noch immer so behutsam und liebevoll miteinander um wie ein Liebespaar.

Ich sollte eigentlich nicht immer abschweifen. Aber ich muß dir noch von deinen Brüdern erzählen. Sie waren damals 19 und 20 und sahen aus wie Zwillinge, Sommersprossen, rotbraune Augen, hübsch und schlank wie deine Mutter, aber so schweigsam wie dein Vater. Sie hielten ihre Zeigefinger über deine kleine Nase und sahen verlegen und zugleich entzückt aus. Du warst aber auch ein sehr schöner Säugling, viel schöner, als du jetzt bist. Weiß und rosa wie eine Puppe, mit verschlafenen dunklen Augen. Deine Mutter rühmte deinen angeborenen Anstand und lobte dich sehr, weil du nur selten ihre Nachtruhe störtest. Sie blinzelte dabei ein wenig und versuchte zu lachen, aber es gelang ihr nicht recht.

Wenn ich daran denke, muß ich mir immer vorstellen, wie dein Vater nachts in seinem breiten Bett lag; stundenlang, mit geschlossenen Augen, und wie er grübelte. Aber er vergaß nie darauf, ruhig und gleichmäßig zu atmen, um deine Mutter nicht zu wecken, die, das Gesicht in die Polster gepreßt, lautlos weinte.

Nach dem Essen öffnete dein Vater noch ein großes Glas eingemachter Pfirsiche, weil er wußte, wie gern ich sie hatte. Aber sie schmeckten mir gar nicht, es fiel mir plötzlich ein, daß schon ein anderer darauf wartete, dieses Haus zu beziehen und die Pfirsiche der kommenden Sommer zu ernten. Die beiden anderen Gäste empfahlen sich bald, und das Mädchen räumte noch das Geschirr in die Küche und ging dann auch nach Hause.

Als wir allein waren, kam plötzlich eine seltsame klare Fröhlichkeit über uns, so, als seien wir ganz sicher und geborgen und vor allem Bösen geschützt. Es wurde noch ein sehr lustiger Abend mit Singen und Spielen und Geschichtenerzählen. Schließlich wurden wir müde. Du fingst leise zu wimmern an, und deine Mutter sang ein Wiegenlied, und als ihr nichts mehr einfiel, lalala. Einmal mußte sie husten, und deine Brüder sahen besorgt von ihren Büchern auf. Liebling fütterte ihre Puppe mit dem Pfirsichkompott und verbreitete gelbe Flecken auf dem weißen Tischtuch. Niemand wehrte es ihr, als seien weiße Tischtücher längst unwichtig geworden.

Und dann legte dein Vater noch seine tägliche Patience. Sein breiter Rücken war ein wenig gebeugt und sein Haar fast weiß. Er sah verloren auf, als ich mich verabschiedete, und nahm meine kalten Mädchenfinger in seine warmen Hände. »Fröhliche Weihnachten!« sagte er, »und komm bald wieder!«

Aber ich hatte keine Gelegenheit mehr, wiederzukommen. Drei Monate nach deiner Geburt, Felizitas, brach dein Vater tot in seiner Kanzlei zusammen. Dein ältester Bruder fiel als erster seines Regiments, und deiner Mutter wurde das Haus genommen. Sie zog mit deiner Schwester und dir in ein Zimmer in der Stadt.

Zwei Jahre später hörte ich, daß sie mit »Liebling« im Keller verschüttet worden war. Sie hätte aber nicht mehr lange zu leben gehabt, denn sie war sehr krank. Dich hatte damals eine Nachbarin zum Einkaufen mitgenommen, sonst würdest du jetzt nicht auf der Bühne stehen und singen.

Seither bist du wohl von einem Kinderheim ins andere gewandert. Dein zweiter Bruder ist vermißt; ich glaube nicht, daß er nach so langer Zeit zurückkommen wird. Und selbst wenn er käme, für dich wäre er ein Fremder.

Du wirst nie wissen, wie es damals war. Ich brauche nur die Augen zu schließen, und alles steht in mir auf: die große, düstere Küche, das hohe Kinderstühlchen, in das »Liebling« manchmal verbannt wurde, das Döschen mit Schälcreme auf dem Nachttisch deiner Mutter, mit der sie vergebens die Sommersprossen bekämpfte. Der verschossene rote Satin auf dem Gitterbett und die ausgetretene fünfte Stufe, über die alle Besucher stolperten. Du weißt

nicht einmal, wo deine Mutter das Eingesottene aufbe-
wahrte.

Ich höre deine klare Kinderstimme, und die rasende
Zeit schlägt mir den Atem zurück.

Dein Vater liegt schlaflos auf dem Rücken und erwartet
die Morgendämmerung, deine Mutter hustet und legt
dich auf die andere Seite, irgendwo steht dein Bruder in
der kalten, klaren Nacht und schiebt den Helmrand aus
der Stirn, und auf dem Boden des Kohlenkellers hockt
»Liebling« mit ein wenig rosa Schaum auf den Lippen.
Und du singst: »In dulci jubilo.«

In deiner ersten Weihnacht flackerten die Kerzen im
Luftzug, und die gläsernen Kugeln schwirrten zart und
hoch. Jetzt stehst du neben einem Tannenbaum, der aussieht, als käme er frisch von der Fabrik. Die elektrischen
Birnen in seinen Kerzen können nicht flackern, und so
sehr ich auch schnuppere, es riecht nicht nach Tannen-
nadeln. Oder spüre ich es nicht?

Ich werde dir nachher eine Tafel Schokolade schenken,
Felizitas, du hast sie bestimmt nötig. Man bekommt sie in
jedem Geschäft, und sie erinnert an gar nichts.

HEINRICH BÖLL

# Krippenfeier

Die großen Lampen brannten schon, als er dort ankam; sie bildeten einen Lichtschirm, der parallel zum Himmel stand und die Dunkelheit wie ein Gewölbe erscheinen ließ. Der große Tannenbaum in der Bahnhofshalle tropfte von Nässe, und von den kerzenförmigen Glühbirnen hingen ein paar schief, und einige schienen defekt zu sein. Die Halle war fast leer: Eben packte eine Heilsarmee-Kapelle ihre Instrumente ein, und die Männer und Frauen mit ihren roten Mützenrändern klemmten die Noten unter den Arm und trotteten müde auf den Vorplatz hinaus. Der Mann an der Wurstbude sah Benz scharf an und rief: »Wurst, mein Herr, ganz heiße Wurst!«; er fixierte Benz so scharf, daß er sich losreißen mußte, um links herum nach unten zu schwenken, wo die Telefonzellen sind.

Plötzlich setzte im großen Lautsprecher die Musik ein: Beethoven, Neunte Symphonie; sie erfüllte für einen Augenblick fortissimo die Halle, dann schien jemand am Knopf zu drehen, und die Musik wurde sehr leise.

Unten, wo die Telefonzellen sind, war es muffig und lichtlos, und aus den Aborten in der Ecke strömte der beständige Geruch sedimentierter Männlichkeit. Benz kam an dem gläsernen Café vorüber, in dem Leute hockten, um lustlos Salat, Butterbrote und Wurst zu essen: Sie schienen in eine Falle geraten zu sein, wo sie gewaltsam gespeist wurden. Er ging weiter. Die beiden Telefonzellen waren besetzt, und er drehte sich herum und wartete: Oben schimmerten die lichtgefüllten Röhren in der Reihe von Kaufläden: Zigarrenkisten und Blumen, Zeitschriften und Parfümflaschen standen in diesem quälenden, bläulichen Licht, und über einem großen, weiß-gelben Transparent, das ein Verhütungsmittel anpries, schwebte ein lächelnder Sperrholz-Engel, silbern bemalt, der den Stern von Bethlehem gegen das blaugekachelte Gewölbe der Halle hielt. Irgendwo rechts nicht weit von ihm entfernt hatte eine religiöse Handlung ihren Kasten aufgehängt: »Katholischer Schriftenvertrieb – Belieferung von Vereinen« stand darüber; grimassierende Krippenfiguren schienen auf dem rötlichen Samt des Kastens zu tanzen, flankiert von harfespielenden Engeln, deren Rücken man benutzt hatte, um Spruchbänder aufzustellen, die an lackierten Holzstäben befestigt waren: »Gloria in excelsis Deo« und »Friede den Menschen auf Erden« stand über den starren Engellocken.

Benz wandte sich um: Immer noch waren die Zellen besetzt, und durch die defekte Scheibe der linken Zelle hindurch sah er das Gesicht einer weinenden Frau, deren schmerzhaft verzogener Mund sich manchmal zu einem Flüstern schloß. Sie weinte ganz haltlos; über ihr blasses Gesicht rollten die Tränen wie über Wachs.

Von den gekachelten Wänden tropfte es, die Decke hatte einen feuchten Schimmer, und Beethoven wurde durch den Lautsprecher gequetscht. Benz klappte seinen Kragen hoch und zündete seine Pfeife an –, da schlug ihm jemand die Tür der Nebenzelle ins Kreuz, und als er sich umblickte, sah er einen schwarzgekleideten Mann, der ihn wütend ansah und schnell die Stufen zum gläsernen Café hinaufstieg. Benz ging in die Zelle hinein, setzte seine Tasche ab und suchte Kleingeld aus dem Mantel. Durch das Glas sah er den Schatten der Frau nebenan: An der Silhouette des Telefon-Apparates sah er, daß der Hörer aufgelegt war; die Frau stand da und tupfte sich mit einem rötlichen Quast im Gesicht herum; ihr grünes Kopftuch war verrutscht; sie zog es sehr langsam hoch. Dann hörte er, wie sie die Klinke herunterdrückte, und er öffnete die Tür seiner Zelle einen Spalt, um sie zu sehen. Er sah sie nur einen Augenblick: Sie war schön und lächelte jetzt. Er schloß langsam die Tür seiner Zelle und wählte.

Zwischen den Klingelzeichen hörte er das sanfte Rauschen der amtlichen Stille, und den Beethoven nahm er jetzt nur sehr leise mit dem rechten Ohr wahr. Dazwischen eine sehr kräftige männliche Stimme, die einen verspäteten Zug ankündigte, und dann sagte eine Frauenstimme im Hörer ärgerlich: »Was ist los? Was ist denn?«, und er hörte jetzt die Neunte Symphonie doppelt: mit dem linken Ohr im Hörer und mit dem rechten draußen, und er sprach leise: »Nichts – nichts ist los«, und plötzlich brach im Telefon die Symphonie ab, und er wußte, daß die Frau eingehängt hatte. Er legte den Hörer auf und begriff, daß er vergessen hatte, den Zahlknopf zu drükken: Sie hatte ihn nicht gehört. Er drückte auf den anderen Knopf, das Geld rollte in die Metallschnauze zurück, und er nahm es heraus. Er nahm sein Notizbuch aus der Tasche, blätterte es durch und schrieb drei Telefon-Nummern auf die stählerne, gelblackierte Sprosse zwischen den Scheiben.

Wieder schien jemand am Knopf gedreht zu haben, denn von draußen kam der Beethoven wieder fortissimo zu ihm hinein; er warf zögernd das Geld ein und wählte; es blieb nicht lange still, und die Männerstimme, die »hallo!« rief, »hallo«, war kaum zu hören, so laut war auch dort hinten die Musik, und es war die gleiche, die aus der Halle zu ihm kam. Er hängte ein, ohne etwas zu sagen, drückte wieder auf den Knopf, ließ das Geld in seine Hand rollen, verließ die Zelle und ging langsam an den Aborten vorbei wieder hinauf. Die großen Lampen waren jetzt ausgeknipst, nur von den kerzenförmigen Glühbirnen des Tannenbaums kam Licht, und das Engelhaar war zusammengeklebt von Nässe und hing in Strähnen herunter. Aus einer unsichtbaren Ecke der Halle kam Beethoven herunter. Draußen auf dem nassen Platz sah er einen grell erleuchteten Schaukasten stehen. Er ging langsam darauf zu: Eine große blonde Puppe stand da im Ski-Dreß und lächelte ihn an, sie hielt ihm einen silbrig bepuderten Tannenzweig entgegen. Ihre Perücke schien echt zu sein, es war warmleuchtendes, goldblondes Haar; nur als er genauer ihren aufgesperrten Mund betrachtete, sah er, daß sie keinen Gaumen hatte: Dunkelblaues Nichts gähnte hinter ihren rosigen Lippen. Er ging langsam in die dunkle Stadt hinein; irgendwo in der Nähe war eine Kirche gewesen, und vielleicht stand sie noch da. Er ging an einem rötlich erleuchteten Hotel vorbei, hinter dessen schweren Vorhängen der Beethoven fast gesummt zu werden schien. Sehr sanft war diese Musik. Aber auch die Kirche war schon wieder aufgebaut, in den großen Fenstern klebte ein großes, weißes Schild, mit korrekten, schwarzen Buchstaben beschriftet: »Mette: 0.00 Uhr, Einlaß 23.00 Uhr«. Obwohl er wußte, daß es vergeblich war, rüttelte er an der Klinke und beugte sich dann tief nach unten, um durchs Schlüsselloch zu sehen: Kerzenförmige Glühbirnen umrandeten den Altar und verdunkelten das Ewige Licht. Er ging langsam zum Bahnhof zurück. Es war erst neun Uhr. Schon als er um die Ecke bog, hörte er die Musik, sie quoll aus dem schwarzen Schlund des Bahnhofs und stieg wie eine Art Dampf aus allen seinen Öffnungen.

Im Wartesaal waren nicht viele Leute. Sie saßen vor ihren Gläsern und Tassen, und auf den Tischen standen Tannenzweige in den Vasen, mit kleinen, rötlichen Holzpilzchen behangene Tannenzweige, und mitten im Wartesaal hing ein Transparent mit der Inschrift: »Frohes Fest allen Reisenden«. Unter dem Transparent stand ein gähnender Kellner, der sich die Serviette vor den Mund hielt.

Benz stellte sich vor den Kasten mit den Krippenfiguren, und er sah im Hintergrund des Kastens die Heiligen Drei Könige, bärtige, feingekleidete Männer, die auf künstlichem Moos einhertappten und imaginäre Kamele an den nach rückwärts ausgestreckten Händen hinter sich herzogen. Vor dem heiligen Joseph war eine Preistafel aufgestellt, die ihm bis ans Kinn reichte: »256,– DM – auch einzeln käuflich« stand darauf, und Benz dachte:

»Wenn der heilige Joseph soviel Geld gehabt hätte, wäre er im besten Hotel Bethlehems untergekommen, und die ganze Krippenindustrie wäre illusorisch geblieben.«

Aus dem Lautsprecher kam jetzt der Schlußchor der Neunten Symphonie, und es war aufregend, wie der Chor nach dem »Freude!« immer wieder aussetzte und für Augenblicke eine atemlose Stille aus dem Lautsprecher kam. »Freude«, sang der Chor, »Freude, schöner Götterfunken.« Über den Kasten hinweg sah er jetzt dem Mann an der Sperre zu, der seine Brille zurechtrückte und dann langsam den Takt des Chorgesangs mit seiner Knipszange auf das eiserne Törchen schlug.

»... freudetrunken, göttliche, dein Heiligtum, Heiligtum.« Jetzt hob der Mann an der Sperre seine Zange, schob eine Fahrkarte in die Schnauze, knipste sie, schob eine zweite hinein, knipste sie und fing wieder an, den Takt zu klopfen. Benz erschrak für einen Augenblick und spürte sein Herz klopfen: Die Frau mit dem grünen Kopftuch war durch die Sperre gegangen, aber sie war nicht allein; ein Mann, dessen Arm sie hielt, lächelte zu ihr hinab.

»... wo dein sanfter Flügel weilt – Flügel weilt.«

Benz ging vom Kasten weg, schlenderte ein paar Mal durch die Halle und spielte mit den beiden Zehnpfennig-Stücken, die er lose in der Manteltasche hatte. Er versuchte, sich einzureden, daß er mit seinem letzten Geld zurückfahren und allein zu Hause sitzen würde. Oben rollte ein Zug übers Gewölbe, und er dachte einen Augenblick wieder an das schöne Gesicht der Frau und spürte sein Herz, für einen Augenblick. Der Zug hielt jetzt oben, eine Stimme rief etwas, und Leute kamen die Bahnsteigtreppe herunter. Es waren nicht viele Leute, und sie kamen sehr schnell. Benz blieb stehen und sah ihnen entgegen, aber er kannte keinen von denen, die eilig an ihm vorbei in die Stadt gingen, und er fühlte sich plötzlich erleichtert, weil die Halle wieder leer war. Der Mann an der Sperre stand auf, schloß das eiserne Tör-

chen, und nun erloschen auch die kerzenförmigen Glühbirnen, und der Tannenbaum sah im Dunkeln fast schön
aus.

»... Kuß der ganzen Welt«, sang der Chor – »der ganzen Welt.« Dann war auch der Lautsprecher still, und es
fiel etwas wie Frieden über den Bahnhof. Alles war dunkel, auch draußen das Mädchen im Ski-Dreß leuchtete
nicht mehr; nur in dem Kasten mit den Krippenfiguren
brannte noch Licht. Benz blieb noch ein paar Minuten
vor ihnen stehen und lächelte ihnen zu, bevor er in den
Wartesaal ging, um auf seinen Zug zu warten.

GABRIELE WOHMANN

# Ein Fest der Liebe

Aber auch bei der dritten Vernehmung – oder war es schon die vierte? – änderte sich an der Aussage des Pflegers nichts. Außer mir hielt niemand es für nützlich, den Pfleger immer wieder zu verhören. Mir aber galt jede minimale Variation seiner Schilderung als Hinweis.

Der Pfleger, Herr Matthies, Anfang dreißig und intelligent, hatte sich im Verlauf von nun bald sieben Dienstjahren im Landeskrankenhaus eine Menge Menschenkenntnis zugelegt. Unter anderem deshalb unterbrach er wohl auch immer wieder sich und mich bei unserem kleinen Verhör. Er wischte sich über die Augen, schüttelte mit dem Kopf, riß die Augen wieder auf, wie jemand, der ein Trugbild loswerden will, fixierte mich und wiederholte:

Sie sehen ihr nun mal verflucht ähnlich. Tut mir leid, aber ich falle immer wieder drauf rein und denke, ich hab sie selber vor mir, die Frau Hamann.

Ich bin Frau Hamann, wenn auch nicht Gloria Hamann. Ich bin die Zwillingsschwester, glauben Sie mir ruhig. Also, wie ist sie Ihnen vorgekommen?

An unseren jährlichen Psychiatrie-Tagungen hat sie ja nicht das erste Mal teilgenommen, sagte Herr Matthies diesmal in Ergänzung seiner Aussage, die nur dadurch, daß sie ein wenig ausführlicher war als die vorangegangenen, bereichert wurde, denn der Sachverhalt war mir klar, doch jeder zusätzliche Satz teuer.

Vor zwei Jahren habe auch ich sie gefahren, erzählte er weiter. Aber damals hatten wir schon Schnee, und wir haben uns hauptsächlich über den Schnee unterhalten. Probleme hat es nicht gegeben, nicht vor zwei Jahren und nicht dieses Jahr.

Aufgeregt war sie doch? Furchtbar aufgeregt und nervös? Mir gegenüber war sie es, und nicht erst seit November.

Sie ist nun mal so der Typ. Sie sind auch nervös, oder? Auch ganz schön aufgeregt?

Das gab ich zu. Grund genug dazu hätte ich, ließ ich ihn wissen.

Auf dem Rückweg, am Tag ihrer Heimfahrt also, habe ich ihr so einiges aus meinem beruflichen Alltag erzählt, sagte Herr Matthies. Es hat sie gewundert, daß ich die Arbeit mit den Psychosomatikern schwieriger finde, als meine ganze frühere Zeit bei den akut Psychiatrischen zusammengenommen. Demnach, weil das sie interessierte, hatte sie ja wohl einen klaren Kopf.

Sie ist Künstlerin, Schauspielerin, sagte ich. Rollenspiele fallen ihr leicht.

Trotzdem, ich blicke dahinter. Ich habe sogar schon mit einem Patienten gearbeitet, der vorher Clown war.

Bravo, lobte ich ihn, und er berichtete weiter:

Bei den akut Psychiatrischen weiß man genau, woran man ist. Die andern sind sprunghaft, bald so, bald so, viel unberechenbarer als die Akuten. Das hat sie alles genau wissen wollen. Ich fand sie auf dem Rückweg recht vernünftig, mit ihren Fragen und so weiter. Auf dem Hinweg ist sie mir viel nervöser vorgekommen.

Es war aber im Verlauf der Rückfahrt, als sie davon angefangen hat zu reden, sie kehre wohl besser wieder mit Ihnen um, wars nicht so? Die Rückfahrt in die Landeshauptstadt zum Hauptbahnhof, da hat sie doch plötzlich drum gebeten, wieder mit zurückgenommen zu werden. Sie wollte sich auf dem Bahnhofsvorplatz nicht absetzen lassen und blieb im Auto sitzen, stimmts nicht? Ich komme am besten wieder mit Ihnen ins Landeskrankenhaus zurück, am besten gleich zu den akut Psychiatrischen: Hat sie darum nicht geradezu gebettelt?

Freudlos gab Herr Matthies seine Zustimmung. Meine Retrospektive schien ihm Unbehagen zu bereiten und zu mißfallen. Und plötzlich sah er mich argwöhnisch an, Verdacht im Blick, er fragte:

Kommt mir komisch vor, wie genau Sie das alles wissen. Als wären Sie dabei gewesen. Als wären Sie selber doch Gloria Hamann.

Das ist so bei Zwillingen, sagte ich schnell und nahm mir vor, etwas behutsamer zu sein.

Das ganze Theater von wegen Zurückwollen in die Klinik mußte ich ja wohl für einen Scherz halten, sie war der Typ dafür, sagte er. Ein bißchen verrückt, eben Künstlerin, und so ist sie mir schon vor zwei Jahren vorgekommen, und damals übrigens, da hatte sie eine starke Fahne, das ganze Auto roch wie eine Schnapsbrennerei. Was diesmal entfiel. Nüchtern war sie.

Herr Matthies spielte diese Erinnerung wie einen Trumpf aus. Er fand dann wohl aber doch, er solle mir weiterhelfen, und ergänzte, um die Sache abzurunden, womöglich abzuschließen:

Wissen Sie, man kennt sich aus mit der Zeit. Und ein bißchen spleenig war sie nun einmal, das sagen alle, und sie wars bei der Ankunft und auf dem Hinweg, und sie wars bei der Rückfahrt. Und als sie dann am Hauptbahnhof nicht aus dem Auto wollte, oder so tat, schwer zu sagen, da war sie es wieder, eben: spleenig. Überdreht.

Wegen ihrer Angst vor Weihnachten, meinen Sie das? fragte ich.

Unter anderm deshalb, gab Herr Matthies zu. Bißchen früh im Jahr, sagte ich ihr, denn wir hatten schließlich erst Anfang November.

Hat sie denn ihre Angst nicht überzeugend begründet?

Ich fügte hinzu, ich könne sie verstehen, denn sie lebe ja das ganze Jahr über fern ihrer Familie, und die Treffen mit denen, die sie sehr liebte, müsse sie ja infolgedessen als etwas zum Fürchtenlernen erleben.

Von ihren alten Eltern, überhaupt von sehr alten Leuten hat sie was gesagt, stimmt. Und von ihrem Sohn, und ich habe ihr zugeredet, sich drauf zu freuen, die alle endlich mal wiederzusehen. Nebenbei bemerkt: Vor Angst geschlottert hat sie nicht. Sie war eigentlich eher lustig.

Als Verstellungsspezialistin, wohlgemerkt, wandte ich ein, doch Herr Matthies bestand darauf, ihn könne man schlecht täuschen.

Zubringerdienste von und zum Hauptbahnhof mit Intercity-Zug-Station, immerhin knapp hundert Kilometer jeder Weg hin und zurück, teilt Herr Matthies sich mit einem Pfleger-Kollegen auf, und eigentlich begrüßten nachträglich alle am Fall Gloria Hamann Beteiligten, daß beim fraglichen Chauffiertwerden Herr Matthies dran gewesen war, denn seinen Kollegen hatte eine erheblich längere Dienstzeit abgestumpft. Um seine Fahrgäste kümmerte der sich überhaupt nicht, sondern hielt sich gedanklich an seine Hobbies und an sein Familienleben mit Autowäsche und Kleingarten, sofort, wenn er mit dem Auto die Schranke am Pförtnerhaus passierte, egal in welcher Richtung, hinaus oder herein.

Wir sollten alle ein großes gemeinsames Sterbensfest draus machen, aus Weihnachten, ich glaube, so ähnlich wird es ablaufen, falls nicht ich es schon am Tag vorher mache, für mich allein, ich will nicht übrigbleiben: Kamen Sätze wie diese nicht auch in der Suada meiner Zwillingsschwester vor, als sie den Pfleger bat, sie wieder mit zurückzunehmen? Als sie ihren Lichtblick in ihm erkannte?

Einen Eindruck der Ermüdung vom chronischen Bescheidwissen vermittelten mir die Ärztinnen und Ärzte, mit denen meine Nachforschungen mich in Berührung brachten. Sie wirkten schläfrig und so, als könne kein neuer Eindruck sie mehr aufwecken, und Absicht schien dabei auch im Spiel zu sein, kombiniert mit der erworbenen Apathie.

Feiertagsphobien kommen selbstverständlich sehr häufig vor, und wir hatten ja Weihnachten, Sylvester, Neujahr in nächster Nähe, verstehen Sie?

Aus Freundlichkeit, aber mit Selbstüberwindung, weil

seine Erschöpfung ihn entrückte, hatte sich mit dieser Bemerkung der Chefarzt selber an mich gewandt. Chefarzt? Der höchstens vierzigjährige Professor Schulzmann war der Leiter des Landeskrankenhauses. Verantwortlich für 850 Betten. Er sah so aus, als läge er selber gern in einem Bett. Ein Gähnen schien er immer zu unterdrükken.

Sie sehen ihr außerordentlich ähnlich, sind Sie eineiig? fragte mich seine Sekretärin, die nicht aufhörte, mich erstaunt anzublicken.

Das weiß ich nicht, antwortete ich. Aber so wird es wohl sein. Eineiiger geht es kaum.

Und als ich daraufhin lachte, wurden alle etwas wacher und riefen, nun sei die Ähnlichkeit komplett, das Lachen identisch. So aufgeregt! Ob ich ebenfalls eine Schauspielerin sei?

O ja, von Kind an, rief ich ihnen zu, und den Applaus klatschte ich mir selber.

Der Stellvertretende Internatsdirektor war ein immer lustiger und noch ziemlich junger Mann; Clemens fand wenigstens, sein Gesicht sei jung, die Haare frisierte er etwas wild, und die wurden merkwürdigerweise schon grau. Jetzt stand er vom Stuhl hinter seinem Schreibtisch auf, ging um den Schreibtisch herum und klopfte Clemens auf den Rücken, eine Geste, die freundschaftlichen Charakter hatte und deshalb in Clemens die schon erloschene Hoffnung noch einmal neu belebte.

Es ehrt dich ja, wirklich, ich finde es ganz beachtlich, es ehrt dich, daß du hierbleiben und hier versauern willst, um dich hinter die Arbeit zu klemmen, schöner neuer Fleiß bei dir, Clemens. Aber, tut mir leid, es bleibt dabei, diesmal machen wir alles dicht. Genieß du mal ruhig deine Ferien. Nach einer Pause gehts oftmals bergauf. Wie heißt das bei unserem Dichterfürsten, dem guten alten Goethe? Na? Der Stellvertretende Direktor brachte, in leicht gebückter Haltung, seinen Kopf in die Nähe von

Clemens' Augen, und Clemens blickte weg, dann wieder hin.

Goethe sagt: »Hast du zur bösen Stunde geruht/Ist dir die gute doppelt gut.«

Ich glaube nicht, daß ich diesmal nach Haus will, sagte Clemens. Hatte er zu leise gesprochen, oder warum ging der Stellvertretende Direktor nicht auf seine Bemerkung ein, sondern rief jetzt:

Und Weihnachten zu Haus, das bringt dich auf andere Gedanken. Sicher gibts ein paar tolle Überraschungen auf dem Gabentisch. Vergiß sie mal alle miteinander, diese allerdings erschütternden Noten in deinem Zeugnis.

Clemens fühlte sich plötzlich furchtbar fern vom Stellvertretenden Direktor, der einen seiner Heiterkeitsausbrüche demonstrierte, wahrscheinlich, um damit Clemens anzustecken, aber Clemens sah den Vergnügtheitsanfall wie durch ein umgekehrt gehaltenes Fernglas mit an. Der fröhliche Mann wurde in seinem Blickfeld ganz klein, ebenso Schreibtisch, Bücherregal hinterm Schreibtisch. Das erschreckte Clemens, denn es war erst drei Uhr, und er hatte überhaupt noch nicht viel eingenommen.

Auch seine Stimme kam ihm komisch vor, sein linkes Ohr hörte gar nicht mit, und ihm wurde ein bißchen schwindlig, während er vorbrachte:

Im letzten Jahr hat Jochen Zugschmidt beim Hausmeisterehepaar wohnen können, und da dachte ich, das wäre in diesem Jahr was für mich.

Du willst doch nicht deine Eltern enttäuschen?

Sie meinen: meinen Vater?

Aber deine Mutter, die wirst du doch entweder auch besuchen, oder sie selber kommt zu deinem Vater zu Besuch?

Der Stellvertretende Direktor mußte nun wieder sehr lachen.

Ach, pardon, ganz vergessen: Du hast ja sogar zwei davon. Sogar zwei Mütter hat er, der Schlaumeier von einem Clemens. Abwechseln kann er, ganz nach Gusto, mal die eine, mal die andere. Eine alte und eine neue.

Meine Mutter ist noch nicht alt, sagte Clemens.

Alt im übertragenen Sinn, du Gentleman, sagte der Stellvertretende Direktor, der nicht mehr ganz bei der Sache zu sein schien und nun fortfuhr: So, mein Junge, ich denke, unsere Angelegenheit ist beendet. Hast du schon mal an die lustige Knallerei zu Sylvester gedacht?

Nein, sagte Clemens ernst. Er wollte mehr sagen, hatte aber keinerlei Einfall.

Na, dann wirds ja höchste Zeit. Hier würdest du alles verpassen, hier wirds trübe ausfallen über die Festtage, glaub mir das.

Das würde mir nichts ausmachen, sagte Clemens, während er langsam rückwärts auf die Tür zuging, aus Höflichkeit, und weil er das Gefühl hatte, von nun an dem Stellvertretenden Direktor langweilig zu sein. Etwas matt schloß er:

Es ist halt so, daß ich einfach mal richtig und in aller Ruhe pauken wollte.

Ein neues Gelächter des Stellvertretenden Direktors hielt Clemens noch einmal auf, und wieder meldete sich wie aus einem allmählich absterbenden Feuerchen, wenn es plötzlich von etwas roter Glut unter der Asche aufwacht, die lebensrettende Zuversicht.

Du hast doch nicht etwa Angst, mit diesen allerdings schauerlichen Noten bei deiner Familie aufzukreuzen? Willst du deshalb nicht in den Ferien weg? Ist es das?

Ach, überhaupt nicht, antwortete Clemens schnell und, wie er wünschte, überzeugend kaltblütig. Meine Familie kümmert sich gar nicht um so Sachen.

Seine Auskunft war nicht einmal wirklich falsch. Warum nur habe ich, so hatte Clemens sich, seit Weihnachten näherrückte, oftmals gefragt, dauernd in Briefen oder am Telephon mit diesen verdammten besten Schulleistungen angegeben? Um überhaupt was zu erzählen zu wissen?

46

Das war es nicht. Ihm machte das Schwindeln einfach Spaß. Spaß? Oder war es seine zweite Natur, noch richtiger: seine wahre Natur? Durch das Schwindeln ging es ihm gut, aber nur, so lang er weit entfernt war von der Wirklichkeit. O verdammt, fluchte es in ihm, saumäßig verdammte Idiotie. Er brachte Schwung auf und sagte:

Aber abgesehen davon, daß Noten bei mir zu Haus niemanden aufregen, keiner fragt danach und so weiter, abgesehen davon ists doch so: An den öffentlichen Schulen gibt es zu Weihnachten überhaupt nicht mehr irgendwelche blauen Briefe oder Zeugnisse. Sagt Jochen Zugschmidt zum Beispiel. Andere sagen das auch.

Und wir hier, wir gehen nach wie vor lieber peu à peu vor, damit wir transparent bleiben, und vor allem, damit es nicht zum Schuljahr-Ende den ganz großen Schock gibt. Alles soweit klar?

Clemens gab sich, wie er fand, einen weltmännischen Anstrich, obwohl wieder das Kleinerwerden der Gegenstände und des Stellvertretenden Direktors ihn verstörte, und er sagte kühl:

Ist mir schon klar, nur, wie gesagt, bei mir zu Haus gäbe es keinen ganz großen Schock.

Um so besser, antwortete der Stellvertretende Direktor, der einen geistesabwesenden Eindruck erweckte.

An einen Abschied vom Stellvertretenden Direktor konnte Clemens sich dann, als er in seinem Zimmer darauf wartete, allein zu sein, gar nicht mehr erinnern. Es dauerte und dauerte, bis endlich Jochen Zugschmidt mit seinen Tischtennisschlägern abgezogen war, und dann setzte Clemens sich an seinen kleinen Tisch, der vor dem Fenster zum Innenhof des Internats stand, denn jetzt wollte er einen Plan machen. Beim Blick in den kahlen, von Schnee und matschigem Erdreich braunweißgefleckten Hof, fiel ihm ein, wie sehr er vor drei Jahren noch das alles gehaßt hatte. Vorbei. Oder es stand nicht mehr zur Debatte. Los los, an die Arbeit, keine Zeit verlieren, forderte er sich auf. Er brauchte, wenn es schon aussichtslos war, länger um sein Hierbleiben zu kämpfen, wenigstens eine vernünftige Strategie für zu Haus.

»Liste der zu verbergenden Dinge« schrieb er oben auf das weiße leere Blatt von seinem Zeichenblock. »1) Zeugnis. a) Zeugnis kleinfalten, auf Taschenformat bringen. 2) Zigaretten. a) Vorrat im Koffer lassen. b) Koffer unterm Bett verstecken. 3) Medikamente...« Clemens machte eine Pause und dachte nach. Jochen Zugschmidt hatte sich eine sogenannte Herrentasche zugelegt. Er selber würde ausprobieren, ob die Medikamente in seinen Hosen- und Jackentaschen unterzubringen wären. Pullover tragen könnte er dann nicht. Statt dessen immer die Jacke mit alles in allem vier Taschen. Dazu kamen zwei Hosentaschen. Gut verteilt müßte es sich so einrichten lassen, daß nirgendwo irgendwelche Beulen vorstanden. Sein Mut sank, Clemens spürte es von Kopf bis Fuß und besonders in der Rippengegend. Beim Abzählen kam er auf insgesamt sieben Geheimnis-Utensilien. Und sie alle müßte er immer mit sich herumtragen, auf Schritt und Tritt, an seinem zum Beispiel für die Chemikalien viel zu warmen Körper. Vermutlich hatte er schon längst eine erhöhte Temperatur. Eigentlich hatte er Lust, krank zu werden, aber das müßte vor seiner Abreise geschehen, und zwar so schwer krank, daß man ihn für reiseunfähig erklären würde.

Die Strategie, mach weiter! befahl er sich aus seinem Abschweifen heraus. Er schluckte nun lieber erst mal zwei Aspirin-Plus, eine nicht weiter ergiebige Dosierung. So, und nun geh mal schön alles durch. Alles halb so schlimm. Diese Leute da zu Haus, sie sind alle schwer mit sich selber beschäftigt. Clemens wäre doch nur eine Zutat, ganz nett, ihn mal wieder dazuhaben. Nun, er rauchte inzwischen, keine erfreuliche Entdeckung – aber lassen wir ihn seine Erfahrungen ruhig selber machen. Clemens prägte sich ein: Sie sind allesamt tolerant und nicht autoritär. Du selber bist das Opfer deiner fixen Idee und deiner erlogenen Geschichten über dich als einen Musterknaben. Die Mami und die Großeltern scheiden sowieso aus als irgendwie streng oder schreckhaft. Er mußte an die Vergangenheit seiner Mami denken und daß sein Vater dazu sagte: Decken wir den Mantel des Schweigens drüber. Aber sein Vater hatte es mit der Mami nicht mehr ausgehalten und jemanden gebraucht, der offen und ehrlich und deshalb berechenbar war, also diese jüngere Frau, zu der Clemens »Vize« sagte. Bei ihr und seinem Vater sollte er die Ferien verbringen, zu Haus also, wie sie alle immer noch sagten. Freu dich, stand im letzten Brief seines Vaters, deine Mami wird über die Feiertage bei uns sein, und die Großeltern besuchen wir alle gemeinsam oder sie werden zu uns geholt, denn da gibt es allerlei zu besprechen, die guten Altchen können nicht mehr allein leben, und das kommende Jahr wird einige Änderungen mit sich bringen müssen.

Um so mehr brauchte Clemens, wenn er nur daran dachte, an alle diese Zusammenkünfte und das Bereden schrecklicher Angelegenheiten, dieses Sammelsurium seiner Pillen. Ein Durcheinander: Pillen, Zigaretten, und möglichst auch Alkohol. Nr. 4 schrieb er jetzt erst auf seine Liste: flache kleine Schnapsfläschchen anschaffen. a) wohin damit?

Ich kann nicht weg von hier: Clemens sah das nun wieder überdeutlich vor sich. Besser, er rückte nochmals dem Stellvertretenden Internatsdirektor auf die Pelle und mit der Wahrheit heraus. Der fröhliche Mann, Clemens hatte ihn wohl falsch angepackt. Da war es wieder, links hinten im Hals, das Kratzen. Eine Erkältung, was Mittelschweres, es wäre nicht rettend, er könnte fahren, mit kaum erhöhter Temperatur. Fieber, ach! Schöne Ruhe! Wohin mit dem Geheimmaterial? Wenn er zu Haus bettlägerig krank würde, wäre kein Versteck mehr sicher. Langsam zerriß Clemens seine Liste, diese »Nr. 5« unter den unbedingt zu verbergenden Sachen.

Meine einzige Hoffnung war demnach diese Psychiatrie-Konferenz, und daß ich mich möglichst dort einsperren lasse, die Konferenz findet ja in einem Landeskrankenhaus statt.

Gloria lachte. Keine Reaktion.

Entsprechend benommen habe ich mich, aber umsonst. Diese Irrenärzte sind alle miteinander betriebsblind, schloß Gloria, die sowieso ungewöhnlich lang gesprochen hatte. Danach entstand eine kleine Pause. Pausen bei Ferngesprächen konnte Gloria schlecht vertragen, selbst wenn nicht sie die Gebühren zahlte. Deshalb sagte sie:

Ophelias Monolog und diese Gedichte von Schizophrenen, ich habe das verflucht adäquat vorgetragen, ha ha.

Keine Ahnung, warum du in dieser Stimmung bist, seit Wochen geht das nun schon so, sagte Evi, Unmut in der Stimme, denn Gloria verstieß gegen die Spielregel, nach der Gloria eine interessierte und amüsante Zuhörerin zu sein hatte.

Ich sags dir doch dauernd: Es ist diese gräßliche Feiertagsphase, die mir bevorsteht, Weihnachten, all das kommende Gefühlsgemisch. Gloria fand, sie müsse den saloppen Ton aufgeben und Evi erschrecken: Das Beste wird sein, ich mache mich aus dem Staub. Ich verschwinde. Wenn schon sonst niemand stirbt. Am liebsten wäre mir ja ein Blitzschlag für uns alle auf einmal.

Evi mußte lachen, dann sagte sie:

Ich finds prima, daß ihr euch alle endlich einmal wieder sehen werdet, und nichts eignet sich idealer dazu als Weihnachten. Und zweitens, meine Liebe, das sind doch die ganz normalen Belastungen, über die du derartig stöhnst. Das sind doch Belastungen, die in jedes Menschenleben gehören, falls ich mich mal feierlich ausdrücken darf.

Evi redete in ähnlichem Stil weiter, und zwar ausführlich, denn vorher hatte sie ausnahmsweise zu lang zuhören müssen. Bei den üblichen Telephonaten war Evi es, die erzählte und der kurze Kommentare Glorias genügten.

Gloria wußte nicht, zum wievielten Mal im Lauf ihrer Biographie sie es, so wie in diesem Augenblick, schwer bereute, und zwar mit verletzter Würde und mit Bitterkeit, daß sie sich überhaupt, und wenn auch nur bruchstückhaft und außerdem karikierend, einem anderen Menschen anvertraut hatte. Welches Gefühl war stärker: das der persönlichen Niederlage oder das der Sinnlosigkeit?

Du hast recht, es sind total banale Belastungen. Es ist noch immer nicht der Ernst des Lebens, hier bei mir, er rückt bloß näher, weiter nichts, sagte Gloria.

Sei nicht beleidigt. Ich habe außerdem nicht von banalen Belastungen gesprochen, ich habe gesagt: normale Belastungen. Sei doch nicht dermaßen verbiestert. In den ganzen letzten Wochen bist du so, einfach verbiestert. Hörst du noch?

Evi fand es gut, ein bißchen zu lachen.

Ich bin nicht verbiestert, sondern deprimiert, und laß mir das bitte. Es ist das letzte noch Natürliche an mir. Gloria sprach diesmal streng. Und im Unterschied zu dir bekomme ich nicht zu jeder vollen Stunde einen Lachanfall.

Evi bekam nun einen Lachanfall, aber einen kurzen, mit einer Qualitätseinbuße durch leichtes Gekränktsein.

Gloria! Raff dich auf! Nomen est omen, oder nicht? Mach deinem Namen keine Schande. Komm komm, Weihnachten ist nun mal das Fest der Familie.

Bei Karl Barth lese ich das völlig anders. *Fürchtet euch nicht.*

Also bitte! Und was machst du statt dessen? Du widerlegst dich ja selber. Dann hör doch auf deinen Karl Barth. Und es ist ein Fest der Liebe, das ist und bleibt es, Weihnachten.

Ein tödliches Fest, sagte Gloria leise und noch leiser fügte sie *diesmal tödlich* hinzu.

Evi hatte sie nicht gehört, oder sie überging den Einwurf.

Liebste Gloria, stell dir vor, du hättest alle meine Weihnachtsanstrengungen vor dir, meine sämtlichen Parties und die Jagd nach zahllosen Geschenken. Deine Familie verhält sich zu meiner wie David zu Goliath. Wie Hildesheim zu New York. Wie viele Vorhänge kriegst du denn so im Normalfall dort, ich meine, sind die Hildesheimer gut?

Du bist zwanzig Jahre jünger, du kannst meine Endzeitängste nicht verstehen, also wars saublöd von mir, daß ich ...

Vierzehn Jahre bloß, immer wenn du schlecht gelaunt bist, machst du unseren Altersunterschied größer, unterbrach Evi, im Zusammenhang mit einem mittelfrohen Gelächter; Gloria setzte sich aber im Weiterreden durch:

Vom immer kleiner, immer kleiner werdenden Bild eines Vaters und einer Mutter weißt du nichts ...

Werden sie denn so klein? Das ist ebenfalls normal. Das Skelett rutscht irgendwie in sich zusammen.

Ich habe das Bild von ihnen gemeint, das Bild in mir selber, sagte Gloria, unzufrieden damit, daß sie überhaupt noch redete. Ernüchtert und erschöpft war sie, und von diesem Austausch erwartete sie nicht mehr das geringste.

Aber das Bild von Clemens, es wird immer größer, oder nicht? Du hast doch nicht nur alte Eltern, du hast doch einen jungen Sohn?

Alles gut gemeint, liebe Evi, dachte Gloria. Einen andern Menschen für eine Hilfe zu halten, vor allem, sich selber als hilfsbedürftig zu offenbaren – das führt unweigerlich mitten hinein in einen Reinfall. In die Demütigung und in die Zwecklosigkeit. Ich treibe auf hoher See, auf schwerer See, liebe Evi, und dich habe ich für einen rettenden Hafen gehalten.

Es war nett, daß du mich angerufen hast, sagte Gloria. Und wenn sie bedachte, daß sie ihren Hauptstolz gar nicht überwunden und demnach Evi gegenüber nicht zugegeben hatte, wie eifersüchtig sie immer noch, nach drei

Jahren immer noch, auf ihre Nachfolgerin bei Christoph war, auf die junge und alerte Vize, wie der liebe und nur an sie, Gloria, anhängliche Clemens seine Stiefmutter nannte. Die Vize. Nett und freundschaftlich behandelte sie Clemens, aber der blieb kühl reserviert, und nur sie, Gloria, zählte, die Mami.

Von Clemens redete nun übrigens Evi seit ein paar Minuten mit Feuereifer. Auf ihn müsse Gloria sich doch freuen, auf ein Wiedersehen nach so vielen Monaten, man wage ja gar nicht, nachzuzählen. Gloria selber sei schuld dran, nicht nur am winzigen Bild ihrer Eltern, vielmehr habe sie ihre gesamte Familie zum Mikrochip, oder wie diese minimalen Plättchen hießen, schrumpfen lassen.

Aber die Chips haben eine enorme Kapazität, sagte Gloria. So schlecht paßt deine Metapher gar nicht.

Evi ging nicht darauf ein, sie sagte:

Und wenn Christoph dich mal treffen will, hast du keine Zeit. Er wars ja nicht, der mit eurer Ehe aufhören wollte, vergiß das nicht. Und ihm verdankst du, daß du heute nicht in einer Gosse liegst oder in einer Klinik verwahrt bist. Verzeih mir meine Deutlichkeit, ja? Und was macht man mit einem Sohn? Man schickt ihn in ein Internat. Weg damit. Ferien werden getrennt verbracht, beziehungsweise du nimmst dir gar keine, bist und bleibst auf Achse.

Reichlich Leidenspotential, oder? Vernichtungspotential, sagte Gloria. Wer also muß sich vor Weihnachten graulen, sag selber!

Als Evi mit *fürchtet euch nicht* dazwischengehen wollte, wies Gloria sie barsch ab.

Unsere weltlichen Angelegenheiten, diese ganzen Menschenschereien, die sind damit nicht gemeint. Gott gehen sie nichts an. Vor seiner Botschaft sollen wir uns nicht fürchten.

Und wozu soll Gott dann gut sein? Was hat man dann von ihm? wollte Evi wissen. Als keine Antwort kam, fuhr sie fort: Du bist nicht die einzige geschiedene Frau auf der Welt und nicht die einzige Tochter mit uralten Eltern, und wenn du dir Sorgen um sie machst, dann überrede sie, daß sie sich endlich einen Ruck geben und auf ihre Selbständigkeit verzichten, sie packens doch nicht mehr, es werden immer öfter diese schrecklichen Unfälle in der Wohnung passieren.

Du bist überaus aufmunternd, tausend Dank, sagte Gloria.

Längst ging ihr Blick wieder nach innen, ins Dickicht ihrer Ängste. Nimms mir nicht übel, Evi, aber von deiner Vitalität ists mir zum Kotzen schlecht geworden.

Kopf hoch! Und schnell was Erfreuliches. Ist doch toll, daß dein Clemens sich so rausgemacht hat, kleines Genie, das er dort im Internat offenbar wurde, oder nicht?

Seine Noten sind mir absolut egal, antwortete Gloria, und das entsprach der Wahrheit. Was sie Evi verschwieg, war der Verdacht, Clemens täusche seine Schulerfolge seit langem vor. Wie leicht glitt er in Phantasiewelten, und das hatte er von ihr. Er war ein Erfinder, o ja, er glich ihr. Nach Christoph geriet er von seinem ersten Lebenstag an nicht. Nicht nach Christoph, dem Ehrlichen. Und Arglosen, denn seine Geradlinigkeit verriegelte ihn prinzipiell gegen alles Abwegige.

Schon zählte Gloria, während Evi sich noch Mühe gab, sie mit Berichten aus ihrem personenreichen Alltag aufzumöbeln, insgeheim und so gut es auswendig ging, den Inhalt an Schlaftabletten und Beruhigungsmitteln in ihrer kleinen Hausapotheke ab. Und dazu sagte sie sich: Es sind ringsum nur Lappalien, die dem Menschen den Todesstoß versetzen. In ihrem Leben hatten stets Geringfügigkeiten, Notlügen, die eine oder die andere aufgedeckte Schlamperei sie aus der Bahn geworfen. Zum Ernst des Leben habe ich nicht nur keine Kraft, ich habe vor allem gar keine Lust dazu.

Also, bis bald, rief Evi. Machs gut.

Mach ich. Bis bald, sagte Gloria.

Und du hast dir wirklich diese unvernünftigen schrecklichen Dinge aus dem Kopf geschlagen? fragte Evi.

Du meinst, daß ich mich umbringe?

Ja. Du tust es nicht, versprich es.

Tu ich.

Ich bin nicht von gestern, ich weiß, alle, dich sich umbringen, senden vorher ihre Signale aus. Also, versprich es, sei nicht so lahm. Sag schon.

Ja ja, sagte Gloria.

Und etwas später, Evi war wirklich großzügig im Umgang mit ihrer Telefonrechnung, hörte Gloria vier Strophen lang einem Weihnachtslied zu, das Evi mit ihren drei Kindern einstudiert hatte und nun vorsang. In der weiten, unüberbrückbar weiten Entfernung zur kleinen Welt dort mit dem Geist dieser Darbietung, wurde Gloria ungeduldig und noch viel ratloser, als sie es vor dem Telephonat gewesen war.

Abenteuerlich kalte Tage sagten die Meteorologen voraus, und Schnee zu Weihnachten schienen sie nicht mehr ihrem Publikum herbeimogeln zu müssen. Für die ungewöhnlichen Minusgrade, mit denen eine skandinavische Luftmassenfront näherrückte, interessierte Clemens sich, sie weckte ihn ein wenig aus seiner Müdigkeit. Diese Kälte erwiese sich als ein Beistand. Die Menschen um ihn herum würde sie von ihm ablenken, und hoffentlich auch von weihnachtlichen Zusammenkünften. Unter dem Christbaum erführen also vielleicht die Großeltern nicht, besänftigt von Geschenken, daß sie sich endlich der Realität zu beugen und ihre abbröckelnde Selbständigkeit aufzugeben hätten, und auch der armen Mami bliebe ein Besuch mit vielen heimlichen Abstechern in ihr Gästezimmer mit dem Schnapsvorrat erspart.

Endlich im Bett. Nach mehr als fünf Tagen der Standhaftigkeit bei schwachen Gliedern, heißem taumeligem Kopf hatte Clemens sich und seinem Infekt nachgegeben und nun große Sehnsucht danach, seine Krankheit, das Ruhelager, wie einen Freispruch zu genießen. Wie ärgerlich bloß, daß er auf der Hut bleiben mußte! Den Trieb, einzuschlafen, bezwang er, was sehr anstrengend war, und nicht einmal vor sich hinzudösen, konnte er sich leisten, denn schon damit hätte er seine Aufsichtspflicht vernachlässigt. Das Gebot lautete: Bewache deinen Bademantel! Beaufsichtige den Bücherstapel auf dem Tischchen neben deinem Kopfkissen! Laß nicht zu, daß jemand den Schrank öffnet! Jeden Morgen bis gegen halb elf regte er sich auf, denn seit er im Bett lag, konnte er die Postbotin nicht mehr abfangen. Die Vize hatte sich über ihn amüsiert und zu seinem Vater gesagt: Sieht mir ganz so aus, als sei er verliebt, der kleine Clemens. Er erwartet einen Brief, der Ärmste. Bis jetzt war noch niemand mit einem nachdenklichen Gesichtsausdruck und einem Brief von der Internatsleitung in der Hand neben sein Bett getreten.

Schnee, vom Bett aus durch die Fensterscheiben beobachtet, regelrechtes Einschneien: Das wäre eine wundervolle Zutat, der Jahrhundertkältewelle aufs Interessanteste hinzugefügt und zum Wachhalten ebenfalls gut geeignet. Die Trockenheit da draußen mit gleißendem Licht hatte etwas Bösartiges, alles sah überscharf und sehr klar aus. Clemens gab dem Drang nach und machte die Augen zu, dann mußte er sie schnell wieder aufreißen, weil er sich einbildete, ein Geräusch gehört zu haben. Nichts, wieder nichts. Sogar in der Nacht war sein Schlaf seicht und unerquicklich. Vergeblich sagte er sich: Bis zum Abend des 24. 12. ist ja alles noch verhältnismäßig leicht. Ich brauche doch bloß zu sagen: Ihr dürft hier in meinem Zimmer nicht herumstöbern, Achtung! Nicht an den Schrank, nicht den Bademantel anfassen, bewegt die Bücher nicht! Jeder würde verstehen, daß Clemens seine Weihnachtsüberraschungen hütete.

Ein heuchlerisches und auch wehleidiges Kind, das war ja so ungefähr das Letzte, was ich mir gewünscht habe, sagte die Vize zu einer ihrer Freundinnen.

Im Internat vergaß Clemens, wie unermüdlich oft und gern und ausführlich die Vize täglich telephonierte. Auf seinem Weg zurück vom Badezimmer in sein Bett blieb er hinter der offenstehenden Tür zur Wohndiele stehen, um noch mehr zu hören.

Aber er kommt nun mal ganz auf Gloria hinaus, diese gesamte Gloria-Familie hat Probleme mit der Realität, und fast möchte ich hinzufügen: mit der Wahrheit. Wie ich dir schon erzählte, zu Weihnachten machen wir trotzdem mal ernst damit und sprechen einige der allerheiligsten Tabus an.

Das entsetzlich vergnügte Gelächter der Vize konnte Clemens nicht ertragen, und deshalb schlich er sich davon, doch als er schon im Bett lag, fiel ihm ein, daß er die Vize durch irgend etwas bestrafen müsse, und er stand wieder auf, öffnete seine Zimmertür und ließ sie dann laut zurück ins Schloß fallen. Er lauschte, aber die Vize lachte noch immer.

Weniger müde als der Leiter des Landeskrankenhauses war der Verwaltungsdirektor. Mit ihm saß ich in einem ziemlich schäbigen Raum, dessen Tür die Aufschrift *Referenten* trug. Es roch sogar hier drin nach Schweiß und Kohlsuppe.

Neuigkeiten gibt es auch von mir keine.

Der Verwaltungsdirektor lächelte verbindlich.

Aber feststehen sollte doch, daß Gloria Hamann nicht den Eindruck einer gewalttätigen Person erweckte. Gewalttätig gegen andere, sagte ich.

Dem ist zuzustimmen. Abends beim Nikolaus-Jazz-Fest saß sie an unserem Tisch. Wie Herr Matthies, einer unserer besten Pfleger, kann auch ich nur die folgende Beobachtung wiedergeben: Sie war spleenig, nicht unangenehm, aber doch spleenig, das ist sie auch im Jahr davor gewesen. In gewissen Abständen hat sie sich bei meiner Frau und mir und bei einer Sekretärin, die ihr gegenübersaß, bedankt, und sie ist dabei fast mit dem Kopf auf die

Tischplatte gefallen. Und zwar: bedankt für nichts und wieder nichts. Bißchen voll getankt vielleicht. Die Musik war ihr zu laut. Unsere Selbsthilfegruppe *Musik* macht inzwischen einen sehr anständigen Jazz. Viele Patienten singen dann auch mit, sie singen irgendwas, singen drauflos, also uns hat es nicht weiter gewundert, daß sie, wie eben jemand von draußen, gegen soviel Turbulenz empfindlich war.

Sie wollte Tabletten von Ihrer Frau, stimmt das?

Gewiß, aber wen sollte das erstaunen? Kopfschmerzen, vermutlich, der Lärm; nur wir hier vom Bau, wir haben unsere Freude dran, wir bringen sogar unsere kleinen Kinder mit zu den Festivitäten.

Schlafmittel, Beruhigungsmittel, Schmerztabletten: Fragte sie nicht eine ganze Skala von Medikamenten ab?

Gewiß gewiß.

Der Verwaltungsdirektor war nicht mehr ganz so vergnügt, aber bald hellte sich sein Gesicht wieder auf, er sagte:

Zickig war sie, oder schrullig, man konnte alles auch für einen Ulk halten, zum Beispiel wenn sie fragte: Haben Sie je darüber nachgedacht, ob Sie einen Menschen ermorden könnten? Und auf welche Weise? Peng peng, oder wie? Meiner Frau hat das gar nicht gefallen, aber ich persönlich habe diese Person immer recht amüsant gefunden.

Als mir der Verwaltungsdirektor, ein höflicher Mensch, nun von Glorias Scheitern auf dem Podium berichten wollte, unterbrach ich ihn, denn auch dieser Teil der Geschichte war mir nicht neu:

Vielen Dank, aber ich möchte Ihre kostbare Zeit nicht noch länger beanspruchen.

Eine Tasse Kaffee zu trinken, lehnte ich ab. In mein Hotelzimmer wolle ich nun zurück, sagte ich wahrheitsgemäß. Es zog mich wirklich dorthin, zurück in mein Hotelzimmer von damals. Das Ganze liegt ja erst wenige Wochen hinter uns. Weihnachten, das gefürchtete Fest, ist längst vorüber. Damals hatte ich dringend gehofft, ich würde allen diesen in Nervensachen kompetenten Leuten auffällig und irgendeine Koryphäe hielte mich fest: Dageblieben! Ruhen Sie sich in einem unserer 850 Betten zunächst einmal gründlich aus.

Merkwürdig, wie wach mich immer wieder die Erinnerung ausgerechnet an die kleine Psychiatrie-Tagung im Landeskrankenhaus macht. Schwer zu sagen, warum es mich, und das wäre dann zum dritten Mal, erneut zu Herrn Matthies, zu den Sekretärinnen, dem müden Professor Schulzmann und all den anderen treibt. Das Ausruhen auf dem breiten Hotelbett spiele ich nach. Gloria Hamann, mich selber, hatte ich fast zu gut nachgespielt. Hier liege ich, nahe der Sanftmut auf der Schwelle zum Übergang, die Dosis wirkt; etwas mehr davon und dann – das sind weiterhin Vorstudien. Lieber Schlaf, du Todesbruder. Während den Fachleuten nichts auffiel, entging mir keine Miniatur aus dem Register von Glorias Alarmsignalen. Bewußt gezogene Register. Denn selbstverständlich kann ich mich selber sehr gut imitieren.

Es war warm und gemütlich im Wohnzimmer, und schon seit drei Stunden unterhielten sich die Familienmitglieder friedlich miteinander, jeder hatte von jedem genug geschenkt bekommen, jeder hatte sich bei jedem mit genügend Überschwang bedankt, und Clemens' Vater war nicht einmal in dem Moment böse geworden, als die Mami gerufen hatte: Laßt mich bitte ziemlich weit weg vom Christbaum sitzen, der Christbaum ist mir zu radioaktiv. Sicherlich, von der Mami ging immerzu eine leichte Gefahr aus, denn sie hatte ein bißchen voll geladen, und sie tankte auch regelmäßig nach, Clemens entging das nicht, denn er besaß viel Verständnis dafür und hielt es ja außerdem ebenso. Nur fühlte er von sich, daß er sich fest im Griff hatte. Alle Ängste umsonst ausgestanden, jedenfalls bis jetzt. Und jetzt: Da konnte er sein Glück beim Zuschauen gar nicht fassen. Sein Vater machte einen tanzstundenmäßigen Diener vor der lieben, ganz verwunderten Großmutter; sein *darf ich bitten* verstand sie nicht, weil sie kaum noch etwas hörte, aber was mit der Verbeugung gemeint war, begriff sie sofort. Und nun tanzten die zwei durchs Zimmer. Der Vater wollte auf die Melodie von ›Tochter Zion, freue dich‹ einen Tango ausprobieren, und die Mami hämmerte auf das Klavier ein. Wie kühn sie über das Anschlagen von massenweise falschen Tasten hinweg laut mitsang!

Richtig brauchbar unterhielt sich die Vize mit dem Großvater; zu zweit saßen sie nebeneinander auf dem engen Empire-Sofa, und es wäre nicht einmal nötig gewesen, daß die Vize beim Sprechen und Zuhören ein so freundliches Gesicht machte, weil ja der Großvater beinah blind war und es doch nicht sah. Um so schöner, dachte Clemens. Soviel er trotz Musik verstand, erzählte die Vize dem Großvater von Schneekatastrophen in Oberbayern. Also wurde keins der heiklen Themen behandelt, und der Großvater machte einen genauso glücklichen Eindruck wie die Großmutter und wie, jeder auf seine Weise, die drei anderen auch. Clemens wurde leichtsinnig und ebenfalls glücklich.

Schrecklich hoher Absturz, dachte er später, vom allzu kühn aufgerichteten Sockel seiner Liebeszufriedenheit. Clemens hatte sich, während die Großmutter mit seinem Vater tanzte, und um die Harmonie noch intensiver zu genießen, in seinem Zimmer mit zwei Doppel-Spalt-Tabletten versorgt, im Bad zusätzlich eine Antibabypille aus dem Fach der Vize geschluckt und in der Küche mit einem Schluck aus der angebrochenen Sektflasche die Kehle gespült, da erschreckte ihn, gerade als er die Kühlschranktür wieder schloß, Lärm aus dem Wohnzimmer. Lärm von Stimmen und umgestürzten Möbelstücken. Kurz darauf hörte auch die wie zum Trotz weiter in die Tasten gehackte Musik auf. Clemens wagte sich nur bis zur halboffenen Tür, er stand in der Diele, und was er sah, war schlimm genug, aber noch hoffte er, alle würden es auch komisch finden. Denn war es nicht vor allem komisch? Seine Großmutter war auf ihren Schwiegersohn gefallen, und offenbar unverletzt, denn sonst hätte sie nicht so laut *oh, das tut mir aber leid, Christoph* gerufen. Warum lachte keiner? Wirklich, der Großmutter war nichts passiert; rechts und links von der Vize und der Mami unterstützt, kam sie nun wieder auf die Beine. Clemens fixierte seinen Vater, der nicht aufstand. Am Boden blieb er hocken und hatte überhaupt keinen erheiterten Gesichtsausdruck mehr. Abrupten Stimmungswandel bei seinem Vater kannte und fürchtete Clemens.

Das ist verdammt nicht zum Lachen, fuhr sein Vater die Mami an, die soeben zu lachen versucht hatte.

Clemens zog sich ein Stück weiter in die Diele zurück, und auf einmal bedrängte ihn die Mami:

Laß mich doch durch, laß mich raus, fuhr sie ihn an. Dann besann sie sich und sagte: Komm besser mit, komm.

Aber genauso wie er blieb sie in der Nähe der Tür zum Wohnzimmer stehen. Nun stand das ehemalige Tanzpaar sich gegenüber, den kleinen Körper der Großmutter und ihre auf dem Hinterkopf immer zerdrückte Frisur sah man nur von hinten; Clemens' Vater hob sein rechtes Bein, er rieb sich das Fußgelenk, stöhnte vor Schmerz und rief:

Eine bloße Verrenkung kann das nie und nimmer sein. Das muß gebrochen sein.

In der Küche tranken nun die Mami und Clemens abwechselnd aus der Sektflasche.

Alles halb so schlimm, sagte die Mami.

Klar, sagte Clemens.

Noch ein letztes Schlückchen, und wir wagen uns mal wieder zu den andern rein, komm.

Wenn du meinst.

Müßt ihr denn alles immer abschwächen und runterspielen, fauchte Clemens' Vater soeben die Großeltern an.

Es ist immer dasselbe, seufzte die Vize. Diese Familie kneift nun mal, wenns auch nur annähernd realistisch wird.

Verrenkungen tun auch am Anfang sehr weh, sagte die Großmutter. Man könnte einen feuchten Umschlag machen.

Was ist denn passiert, wer erklärt mir denn mal, was überhaupt passiert ist, klagte der Großvater.

Warum, fragte Clemens sich, begriffen die Großeltern immer so spät, daß es Zeit war, sich auf eine gründlich veränderte Lage umzustellen, und es mit der guten Stimmung aus und vorbei war? Ihre vergnügten und festtagsseligen, verwunderten Gesichter, warum behielten sie die bei?

Du weißt, liebe Schwiegermutter, daß mir das Gericht recht geben wird, wenn ich auf Schadenersatz klage, sagte Clemens' Vater. Du hast nicht aufgepaßt, du bist aus Unachtsamkeit über den Teppich gestolpert, und in einem ganz ähnlich gelagerten Fall stand dem Geschädigten vor einiger Zeit ein Schadenersatz zu. Kein unerheblicher Betrag. Ich habs erst neulich gelesen.

Nun leg dich doch erst mal hin, sagte die Vize. Clemens haßte das Schauspiel und sah dennoch zu: Den Großvater, der immer noch nichts begriff, scheuchte sie, indem sie tätlich wurde, vom kleinen Empire-Sofa, auf dem sie vor wenigen Minuten noch so freundlich lächelnd mit ihm geplaudert hatte. Mach doch Platz, mach endlich Platz, wir haben hier einen Verletzten, nun mach schon!

Ihr benehmt euch doch alle völlig idiotisch, schrie die Mami. Sie setzte an wie zu einem Sprung ins Wohnzimmer, doch schien sie den Mut zu verlieren und drückte sich an Clemens vorbei zurück in die Küche. Dort hörte er sie *ich habs ja gewußt* rufen.

Daß Clemens' Vater immer noch nur scherze, glaubten die nun allerdings etwas verwirrten Großeltern offenbar weiterhin.

Auf ein Ickerchen, folgt ein Gewitterchen, sagte die Großmutter.

Von wegen Gewitterchen, das ist ein gebrochenes Gelenk, rief Clemens' Vater.

Ernst und grimmig blickte die Vize, aber auch befriedigt, auf die Bescherung, nachdem sie den Großvater vertrieben und neben der Großmutter in der Zimmermitte abgestellt hatte. Nun massierte sie das Fußgelenk ihres Mannes, und mit strenger Stimme sagte sie in einer Lautstärke, die Taube und Blinde gleichermaßen erreichen sollte:

Wir hatten den Abend nett angehen wollen, und nun haben wir den Schlamassel. Glück im Unglück, so kann mans auch sehen. Euch zwei Alten wollten wir endlich mitteilen, daß es soweit ist. Ihr seid weder in der Lage, selbständig zu wirtschaften, noch seid ihr geschäftsfähig. Wir haben für euch vor zwei Jahren schon im Seniorenstift *Abendfrieden* vorgefühlt. Ihr erreicht die Altersgrenze, und eine Entscheidung muß fallen.

Clemens hörte nicht weiter zu, denn seine Idee zur Rettung in der vorletzten Minute hatte ihn gepackt. In seinem Zimmer fingerte er aus dem Bücherversteck das entsetzliche Zeugnis mit den wirklichkeitsgetreuen Bewertungen seiner erschwindelten Leistungen im Internat. Schnell zurück ins Wohnzimmer. Vor den Augen seines Vaters, der mittlerweile den Ausdruck eines schwer gekränkten und mißverstandenen Menschen angenommen hatte, wedelte er mit dem aufgefalteten Papier herum.

Mein Zeugnis, rief er, ich habs bis jetzt vergessen, dir zu zeigen. Ich muß sicher die Klasse wiederholen.

Deine Noten kannst du dir an den Hut stecken, sagte sein Vater. Hast du keine Augen, hast du keine Ohren? Deine Mutter hat soeben begonnen, von etwas Wichtigem zu reden. Lenk deine Großeltern nicht ab. Und da ist auch noch mein gebrochenes Fußgelenk, weißderhimmel.

Meine Mutter ist überhaupt nicht da, rief Clemens.

Dann sieh zu, daß du sie herbeischaffst, sagte die Vize. Mir schwant nichts Gutes, wenn sie sich so lang absentiert. Ei ei ei, diese Hamann-Familie.

In diesem Augenblick fing die Großmutter an zu weinen. Wie ein Schulkind stand sie da in der Mitte des Zimmers, sie weinte so leise, daß der Großvater in seiner Blindheit nichts davon mitbekam, und doch nahm er sie an der Hand. Die beiden sahen wie Kinder aus. Plötzlich war auch die Mami wieder aufgetaucht. In der linken Hand die Sektflasche, rechts ein Küchenmesser.

Bringt meine Mutter nicht zum Weinen, ihr zwei, schrie sie, und mit dem Messer wies sie bald in die Richtung der Vize, bald richtete sie es auf Clemens' Vater.

Paß auf, schrie der Vater, und Clemens wußte nicht, wen er meinte, die Vize oder die Mami.

Arme Mami, zu schwach vom Trinken und Pillenschlucken, genauso wie er, Clemens. Rasch hatte die Vize ihr das Messer abnehmen können, und die Mami sank auf einem Sessel zusammen, aber sie weinte nicht.

Ganz wie in alten Zeiten, murrte Clemens' Vater. Gehen wir doch besser zur Tagesordnung über. Da wäre zunächst mal der Anruf beim ärztlichen Notdienst fällig. Bis ein Arzt kommt, können wir die Schadensersatzangelegenheit stunden, bis zur Diagnose. Setzt euch doch endlich hin, ihr zwei. Steht rum wie Hänsel und Gretel, denen nichts mehr einfällt.

Er meinte die Großeltern. Die Großeltern rührten sich nicht von der Stelle.

Mit seinem Vater und der Vize verglichen, war die Hexe aus Hänsel und Gretel eine sympathische Person, fand Clemens.


Bei den Alten war alles doch noch wirklich ganz adrett und gut aufgeräumt. Selbst der gründliche Christoph fand keinerlei Hinweise. Ein Unglücksfall. Denn zum Beispiel war der Tisch fürs Frühstück gedeckt, erstaunlich ordentlich, sogar mit Eierbechern. Und obwohl ihr

Mann ja beinah nichts mehr sah, hatte die Großmutter diesen Eßplatz weihnachtlich mit Zweigen und zwei Kerzen dekoriert.

Schlecht zu schlafen, haben sie nie gut verwinden können, merkwürdig und bockig bei so alten Menschen, die den Schlaf für immer vor sich wissen; sie waren dauernd verwundert und ungehalten über schlechten Schlaf, nahmen oft in der Nacht zusätzliche Schlafmittel, bröckelten sich Achtel und Viertel von ihren Tabletten ab. Über den Umgang mit den verschiedensten Medikamenten in der Familie Hamann, der er ja seit seiner zweiten Eheschließung genaugenommen nicht mehr angehöre, sei er stets besorgt gewesen, sagte Christoph gegenüber dem Notarzt aus.

Hatte denn dieser Brief irgend etwas damit zu tun?

Glorias große Handschrift erkannte Christoph sofort. Ein Couvert war nirgends zu finden.

Meine erste Frau, Gloria Hamann, wird dieses Blatt Papier ihren Eltern irgendwie zugesteckt haben, vermutlich, als sie ihnen in der Weihnachtsnacht dabei half, ins Taxi einzusteigen, sagte Christoph zum Notarzt, der im Begriff war, sich zu verabschieden.

Lies doch vor, drängte die Vize leise. Zu Clemens sagte sie, etwas lauter: Zieh doch deinen Mantel aus, es ist viel zu heiß hier drin. Überheizt haben sie immer, die alten Hamanns, Herr Doktor. Ich habe es hier immer viel zu heiß gefunden.

Gloria wußte, warum Clemens sich weigerte, seinen Mantel auszuziehen, und davon schlenderte. Der Mantel verbarg die verschiedenen Ausbeulungen der Hosen- und Jackentaschen, seine Vorratskammern. Gloria nahm sich vor, ihn in der kommenden Nacht ein wenig zu bestehlen, zumal sie nicht bezweifelte, daß zuvor Clemens an ihre schlechter versteckten Schätze gegangen war. Weil sie den liebevoll gedeckten Frühstückstisch keine Sekunde länger anschauen konnte, stahl auch sie sich davon.

Gloria, bleib hier, rief Christoph ihr nach. Zum Notarzt sagte er: Wenn Sie mir noch einen persönlichen Gefallen tun könnten, dann ...

Und der wäre?

Mein Fußgelenk, noch ist nicht diagnostiziert, ob es gebrochen ist.

Gloria konnte nun getrost den Eßplatz ihrer Eltern und die Gruppe Notarzt, Christoph, Vize verlassen. In der Garderobe hörte sie jedes Wort.

Ich lese also zunächst mal diesen Brief vor, drohte Christoph an, bitte sehr.

Der Notarzt, ein sehr junger Mann, der von Anfang an einen verlegenen Eindruck gemacht hatte, sagte nun mit unglücklicher Stimme:

Das geht mich eigentlich nichts mehr an. Nun denn ... die beiden Totenscheine lege ich hierhin, auf diese Kommode. Gebrochen ist das Fußgelenk nicht, soweit sich das ohne Röntgenaufnahme beurteilen läßt.

Aber die Stauung, ich weiß nicht, sagte Christoph.

Die Vize mischte sich dazwischen:

Alles weitere werden wir veranlassen, wir werden damit fertig, haben Sie vielen Dank. Traurig traurig, das Ganze. Die Nummer vom Bestattungsinstitut Pfeil habe ich schon rausgesucht. Ich wäre für die Pfeils, ihre Preise sollen noch halbwegs zivilisiert sein.

Die Vize sprach wie ein befriedigter Mensch, der außerdem interessanten neuen Aufgaben entgegenblickt.

Christoph las wie ein Schauspieler, und von ihm selber war, in der verstellten Stimme, nur ein empörter Ton übrig:

»Ihr meine allerliebsten guten Eltern: Kennt Ihr sie denn nicht, diese unendlich große Sehnsucht nach der Stille der Ewigkeit? Lockt sie Euch nicht, die Lust nach der Stille, jenseits aller menschengemachten Querelen, fern dem Lärm der Zänkereien? Diese Stille des Horizonts, wenn man über den Ozean hinwegschaut, zum angrenzenden Himmel? Diese tiefe Sehnsucht nach der

Stille der Ewigkeit, in der man einfach daliegt, um endlos Gott zu lieben und zu danken? Wie schön wird das sein ...«

Hört hört, sagte die Vize.

Das ist ein ziemlich starkes Stück, sagte Christoph.

Starker Tobak, sagte die Vize.

Das kann man wohl sagen, stimmte Christoph zu.

Ist das nun irgendsowas wie Verleitung, ich meine, es gibt doch zum Beispiel als Delikt die Verführung zum Diebstahl, erkundigte sich die Vize.

Bin nicht vertraut mit der Materie, antwortete Christoph. Gloria und Clemens hörten die beiden, denn alle Türen in der Wohnung standen offen. Im Schlafzimmer betrachteten sie die Großeltern. Sie sahen immer noch, wie nach dem gescheiterten Tanz in der Weihnachtsszene, Hänsel und Gretel ähnlich, aber ratlos und von anderen Menschen abhängig schienen sie längst nicht mehr zu sein. Daß sie in Kleidern auf ihren Betten lagen, gab ihrer Entscheidung etwas Selbständiges. Keiner Hilfe bedurften sie mehr.

Nur glücklich, glücklich sehen sie trotzdem nicht aus, sagte Clemens.

Unglücklich aber auch nicht, sagte Gloria.

Nachts trafen Clemens und Gloria einander auf dem dunklen Flur in der Nähe des Gästezimmers.

Mami, mir ist furchtbar schlecht geworden, ich glaube, ich habe mich umgebracht, sagte Clemens.

Mir gehts genauso, flüsterte Gloria.

Man müßte vielleicht den Magen auspumpen, sagte Clemens.

Ich fürchte, wir müssen die Vize um Hilfe bitten, sagte Gloria.

Oder hätten wir sterben sollen, fragte ich einen jungen Psychiater aus Wien, der in meinem Hotel wohnte. Was würden Sie dazu sagen, wenn ich selber Gloria Hamann wäre und nicht die Zwillingsschwester?

Im Moment bin ich ziemlich inkompetent in allen diesen Dingen, antwortete der junge Psychiater aus Wien.
Wissen Sie, zur Zeit bereite ich mich voll auf eine Mitwir-
kung in einem Fernseh-Quiz vor, es beansprucht mich
total, da ich mich auf keinen Fall blamieren will.

Er lachte vergnügt und geistesabwesend.

Herr Matthies, bringen Sie mich bitte wieder zurück,
sagte ich am nächsten Morgen zum Pfleger Matthies,
kurz bevor wir den Hauptbahnhof der Landeshauptstadt
erreichten.

Es sei doch alles ausgestanden, fand Herr Matthies.

Mit lustiger Miene begrüßte und kondolierte der Stellvertretende Internatsleiter Clemens und fügte dann hinzu:
Ein Gutes hat das Schlimme doch, oder: Glück im Unglück, mein Lieber. Diesmal wirst du nicht unter den
Letzten sein. Paß auf, wenn du unser großes Deutsch-
Leistungskursthema hörst, dann wirds bei dir da oben
richtig klingeln: ›Tödliche Feste‹, so heißt die Aufgabe,
und bei diesem Aufsatz kannst du getrost ins volle Leben
greifen. Na? Das gibt dann eine Zensur, die du nicht
verstecken mußt. Ha ha.

FAY WELDON

# Kommt alle her!

Als Maureen Timson achtzehn war, fand sie alles mögliche rätselhaft, und niemand war ihr rätselhafter als ihre
Freundin Audrey Thomas. Wenn sie denn eine Freundin
war. Sie waren beide an der Universität, studierten Sprachen. Sie hatten zusammen ein Doppelzimmer, weil sie
im Alphabet hintereinander kamen: eine Art schicksal-
hafter Nähe. Maureen hatte alle Vorteile, Audrey (in
Maureens Augen) sehr wenige. Dennoch ging Audrey
immer voraus, und Maureen folgte ihr, und Maureen verstand es nicht, und es wurmte und ärgerte sie. Maureen
ging den Dingen gern auf den Grund: sie arbeitete daran
wie an einem verknoteten Schnürsenkel, doch hier war
etwas Bodenloses, nicht zu Entwirrendes. Und das war
ungerecht.

Sie, Maureen, war hübsch: um sich dessen zu vergewis-
sern, mußte sie bloß in den gemeinsamen Schlafzimmer-
spiegel sehen. (Maureens Mutter hatte von Spiegeln nicht
viel gehalten, sie sagte immer, allein der Charakter zähle,
nicht das Aussehen, aber Spiegel gibt es überall, nicht
wahr? Pfützen oder Schaufensterscheiben tun es auch,
beziehungsweise die aufmerksamen Blicke anderer spiegeln zumindest ein gewisses Bild wider.)

Audrey war überhaupt nicht hübsch. Sie sah aus wie
ein Bus von hinten – würde Maureens Großtante Edith
sagen. (Maureens Mutter hatte acht Tanten, und Edith
war die, die sie am wenigsten leiden konnte –, aber Maureens Mutter konnte ja nun fast niemanden leiden, sie
verachtete die Schwachen, die Leichtsinnigen, die Faulen,
die Weichen, das bedeutete beinahe die gesamte menschliche Rasse, mit Ausnahme – manchmal – der Familie.)
Maureen war ein Einzelkind, weil Maureens Mutter ihren
Vater kurz nach Maureens Geburt geradewegs aus dem

Haus verachtet hatte. (Maureen hatte von ihm immer die Vorstellung, wie er mit dicken Stiefeln und Bieratem den feuchten Pfad zwischen den traurigen Rhododendronblättern für immer davonstolperte, ihr Säuglingsgeschrei hallte aus dem rechten oberen Fenster.) Maureen hatte eine niedliche schmale Taille, und Audrey hatte Fleischrollen darüber und darunter: das sind so Dinge, die man mitkriegt, wenn man ein Zimmer zusammen hat. Maureen hatte vorher nie mit jemandem ein Zimmer zusammen gehabt. Es war ihr ein Rätsel, wie Audrey trotz all ihrer körperlichen Unvollkommenheiten nackt und unbefangen darin herumwandern konnte. Und sie mochte es nicht. Maureen war klug: seit sie dreizehn war, hatte sie nie, nicht ein einziges Mal, ein unregelmäßiges französisches Verb regelmäßig konjugiert. Audrey konnte noch nicht einmal einen *Accent aigu* von einem *Accent grave* unterscheiden. Weiß der Himmel, wie sie sich in die Uni gemogelt hatte. Maureen las Machiavelli, und Audrey las Frauenzeitschriften. Aber trotzdem hatte Audrey etwas, was Maureen nicht hatte. Audrey ging voran, Maureen folgte halb dankbar, halb ärgerlich. Maureen war Einzelgängerin, Audrey nicht. Maureen haßte es, Einzelgängerin zu sein.

»Du schließt so leicht Freundschaften«, sagte Maureen zu Audrey und ließ es wie einen Vorwurf klingen, wie einen angeborenen Mangel an Urteilsfähigkeit. »Wie machst du das?«

Und das schien Audrey rätselhaft zu sein, der so selten etwas rätselhaft war. »Man redet einfach mit den Leuten«, sagte sie.

»Mit jedem?« fragte Maureen mit Abscheu.

»Na, ja«, sagte Audrey. Manchmal war es mehr als Reden, es war mit jedem x-beliebigen ins Bett gehen, und dann ins Bett von jemand anderem, und dann ging der erste x-beliebige schnaubend davon, und Audrey weinte und weinte, aber was *glaubte* Audrey denn, würde passieren, sagte Maureen, die ihre Jungfräulichkeit bis zum

letztmöglichen Moment bewahrte und sich dann dem
Vorsitzenden der Debattiergesellschaft hingab, einem be-
ständigen und verläßlichen Jungen mit einem Auto.

Audrey war bei den Jungen beliebt, aber Maureen
konnte sie sich aussuchen, das war also nicht das Problem. Aber wenn sie in die Spiegel ihrer Augen blickte,
hatte sie das Gefühl, daß sie weniger als Audrey sah. Wie
kam sie nun wieder darauf? Sie versuchte, mit Audrey
darüber zu sprechen.

»Was *siehst* du denn?« fragte Audrey. »Ich meine, außer ganz allgemein Lust?«

»Eigennutz«, sagte Maureen, bevor sie Zeit hatte nachzudenken. Sie saßen nach einem Kinobesuch in einem
chinesischen Restaurant. Audrey aß knusprig panierte
Banane in Honig, die Maureen natürlich dankend abge-
lehnt hatte.

»Oh«, sagte Audrey. »Ich sehe, daß sie mich mögen.«

Maureen empfand plötzlich eine solch heftige Wut, daß
sie einen zu großen Mundvoll zu heißen kalorienfreien
chinesischen Tees schluckte und sich den Mund ver-
brannte und er tagelang trocken war. Aber sie sagte
nichts. Was gab es da zu sagen? Sie vergaß es.

Was sie nicht vergaß, war, wie Audrey an einem Früh-
lingstag in einem einteiligen Badeanzug oben auf einer
Düne im Wind stand, sich zu der Gruppe, die ihr folgte,
die ihr überallhin folgen würde, umdrehte und rief:
»Kommt alle her!«, und alle kamen. Freunde. Kumpel.
Partyzeiten, gute Zeiten, Zeiten, vollgestopft mit Leuten;
die ganze menschliche Rasse wirbelte um den Dreh- und
Angelpunkt immer guter Laune – Audrey. »Kommt alle
her!«, und alle kamen, und Maureen auch, wider Willen
und doch willentlich. Sie dachte an die ruhige, dumpfe
Routine im Haus ihrer Kindheit, die einzige Katze, die
nachts ausgeschlossen wurde, Frühstück für zwei, Mutter
und Tochter, gedeckt, bevor sie zu Bett gingen, und ein
Teil von ihr wollte dem allem sehnlichst entfliehen, und
ein Teil wollte es nicht: etwas Zerstörerisches war tief in

ihre Seele gedrungen. Mit den anderen rannte sie die Düne hoch, und Audrey war als erste im Meer. »Kommt alle rein! Das Wasser ist herrlich!« Aber das war es natürlich nicht, sie machte nur einen Witz, es war eiskalt, alle kreischten, und Audrey bespritzte sie. Wie konnte sie es wagen! Maureen war absolut wütend. Doch alle amüsierten sich, und sie auch. Audrey dirigierte alle, verwob sie alle in Muster der Freude! Wie machte sie das?

Dann trennten sich natürlich ihre Wege. Audrey mit ihrem befriedigenden Abschluß wurstelte sich durch irgendein Sozialarbeiterstudium; Maureen mit ihrem Zweier-Examen ging nach Brüssel, um für die EWG zu arbeiten, was immer ihr Ehrgeiz gewesen war. Die Vorstellung eines Jobs in einer solchen Stadt hatte etwas überaus Klares, Vernünftiges und Geordnetes, von der guten Bezahlung gar nicht zu reden; ein kleines Auto, eine kleine Wohnung. Und so war es dann auch. Den Vorsitzenden der Debattiergesellschaft mußte sie fallenlassen, weil er nach Newcastle ging, um dort bei Marks & Spencer zu arbeiten, aber so geht es mit Studentenbeziehungen oft. Als Maureen erfuhr, daß er binnen eines Jahres eine zehn Jahre ältere Kollegin geheiratet hatte, war sie verstimmt und verbrachte in dem Sommer ihren Jahresurlaub zu Hause bei ihrer Mutter in Paignton, aber es war erbärmlich und langweilig, und sie beschloß, es nie wieder zu tun. Sie war jetzt zwölf Jahre in Brüssel und hatte sich im Landwirtschaftsbereich hochgedient und war einsam und fing was mit einem verheirateten Mann an (aber sie waren *alle* verheiratet: was sollte sie machen?), was sie noch einsamer machte wegen der ganzen Warterei auf das Telefon und der Geheimnistuerei und den nicht gehaltenen Versprechen und dem nichtexistierenden gesellschaftlichen Leben. Das sah sie alles deutlich, aber es kostete sie Ewigkeiten, es abzubrechen (was *war* mit ihr geschehen?). Endlich schaffte sie es, und da bekam sie einen Brief von Audrey. Was aus ihr geworden war? Ob sie sich treffen könnten? Typisch Audrey, dachte Maureen, warum sollte irgend jemand mit irgend jemandem in Kontakt bleiben, nur weil man zur selben Uni gegangen war und einander im Alphabet nahegestanden hatte. Aber sie schrieb zurück, Audrey lud sie zu Weihnachten ein. Ja, sie war verheiratet (natürlich, die so wenig wählerische Ziege), hatte drei Kinder: auf dem Land, mit haufenweise Tieren. Typisch Audrey, dachte Maureen, ließ alle herkommen in etwas garantiert Muffiges, Matschiges, Unordentliches, Lautes, mit Katzenscheiße in den Ecken. Aber Maureen fuhr hin; nach sieben Weihnachten mit einem verheirateten Mann haßte sie diese Zeit allmählich.

Das Haus war ein Schweinestall. Natürlich. Maureen zog Gummihandschuhe an und half saubermachen; half, den überladenen Weihnachtsbaum stabil im Ständer zu befestigen, die Strümpfe für die Geschenke herzurichten, sie machte sich bei den Kindern beliebt, indem sie Mars-Riegel in einem zuckerfreien Haushalt austeilte, und unterhielt Audreys Mann Alan, während Audrey schlecht und recht die Kinder zu Bett brachte und vier verschiedene Sorten Füllung für zwei kleine Puter vorbereitete, weil das schöner war als eine Sorte Füllung und ein Apfel in einem großen Puter.

»Aber es ist mehr Arbeit, Audrey.«

»Weiß ich, Maureen, aber wir sind es alle so gewöhnt. Familienleben ist alles nur Ritual.«

Maureen zweifelte daran, ob Ritual ausreichte. Alan war politischer Journalist und tendierte zur Linken; das war modern. Mindestens dreimal im Jahr mußte er seine eigenen politischen Standpunkte überprüfen, und Maureen hatte nicht den Eindruck, daß Audrey übermäßig Notiz davon nahm, was im Kopf ihres Ehemannes vorging: sie hielt anscheinend mehr davon, ihn stetig und demonstrativ ihrer wärmenden Zuneigung zu versichern, damit er zufrieden war.

»Liebling, was ist los, was ist los?« rief sie und schlang ihre Arme um ihn und hielt ihn fest umfangen, wenn er auf die Stromrechnung starrte (zwei Puter zu braten kostete ein Drittel mehr als einen, darauf wies Maureen hin), bis er wider Willen lächelte. Maureen verstand diesen Wider-Willen sehr gut. Sie glaubte eigentlich überhaupt, daß sie Alan sehr gut verstand. Sie sah sich unter den Bestandteilen des Haushalts um: den Kindern, der Wärme, den Tieren, dem Dreck, der rein- und rausgetragen wurde, den ein- und ausgehenden Freunden – sie kamen von meilenweit her – und dachte, mit einem bißchen Reorganisation würde mir das sehr gut tun. Sie dachte, sie hätte es gern für sich.

Sie mußte vier Jahre warten. Während dieser Zeit war sie häufig Gast des Hauses. Dann hatte Audrey, was Maureen im voraus wußte, eine Affaire mit einem verheirateten Mann, und die Struktur dessen kannte Maureen zur Genüge.

»Ich habe so ein schlechtes Gewissen«, jammerte Audrey und hackte Nüsse für eine der Putenfüllungen. »Ich liebe Alan, aber ich kann mich nicht davon abhalten.«

»Du willst wahrscheinlich nur die Aufmerksamkeit und die Schmeicheleien und dich geliebt fühlen«, sagte Maureen vorsichtig. Seit ihren Unizeiten hatte sie mittlerweile auch jede Menge, o ja, Frauenzeitschriften gelesen. »Alle die Dinge, in denen Alan nicht gut ist. Wie schade, daß er seine Gefühle nicht besser zeigen kann. Dann müßtest du nicht außerhalb der Ehe Liebe suchen.«

Audreys Tränen fielen in das Couscous und die Zitronenschalen und machten es um einen winzigen Bruchteil flüssiger, als es sein sollte.

»Wenn ich es bloß Alan erzählen könnte, wenn ich bloß mit ihm darüber reden könnte, dann würde ich mich innerlich viel besser fühlen.«

»Vielleicht solltest du es tun«, sagte Maureen und konnte ihr Glück gar nicht fassen. »Eure Ehe ist so stark. Wenn Alan wüßte, wie weit er dich getrieben hat, wäre er zu Tode erschrocken. Er würde wirklich daran arbeiten, die Ehe zu retten. Damit so was nie wieder passiert.«

»Soll ich beichten?« frage Audrey, ihre flinken Hände hielten inne, ein Funke gesunder Menschenverstand erhellte die dunklen Winkel ihres liebeskranken Hirns, aber nur einen Moment lang. Ihr Geliebter war auch verheiratet, natürlich, brütete über seinem Heiligabendwhisky in einem anderen Haushalt, unerreichbar über die Feiertage.

»Es ist ja wohl kaum Beichten«, sagte Maureen. »Es ist nur ehrlich sein. Wie kann eine Ehe, die so eng wie Alans und deine ist, funktionieren, wenn ihr nicht ehrlich zueinander seid? Ich meine, du bist es deiner Ehe und Alan schuldig, es ihm zu erzählen.« Dann ging Maureen mit den Kindern im Wald spazieren, wo die Blätter vom Nebel ganz naß waren, und probierte »Kommt alle her!« aus, indem sie Mars-Riegel aus ihrer Tasche hervorzog. Wie sie angerannt kamen!

Beim Weihnachtsstrumpffüllen erzählte Audrey Alan von der Affaire, von ihrer heimlichen Liebe, den heimlichen Treffen hinten in Autos und Büroräumen und hinter Hecken – es lief schon seit dem Sommer–, und wie sie in Wirklichkeit nur Alan liebte, wenn er nur ein bißchen freundlicher und netter zu ihr wäre, wäre es nie passiert, aber er hatte alles schal werden lassen, und wie wichtig ihre Ehe für sie war.

»Rede nicht so wie die Rückseite einer Frauenzeitschrift«, war alles, was Alan sagte, bevor er sie quer durchs Zimmer prügelte, und am ersten Weihnachtstag hatte sie ihre Koffer schon gepackt und war gegangen; das mußte sie tun, so hysterisch war sie und schrie, sie verließ die Kinder, das eheliche Haus und alles, was ihr bei der Scheidung nicht gerade zugute kam. (Ihr Geliebter entschied sich dafür, bei seiner Frau zu bleiben.) Da war es nur gut, daß Maureen der Familie half, durch das Ritual dieser schrecklichen Weihnachtstage zu kommen – sie kannte das ganze häusliche Drumherum so gut, wie Alans Mutter sagte. Und am nächsten Weihnachten war Maureen nicht nur im Haushalt installiert, sondern auch schwanger mit ihrem ersten Kind, und bei den Mahlzei-

ten rief sie: »Kommt alle her!«, sie, die Allerbeste, obwohl sie nicht oft selber kochte, sie hatte eine Haushalts-
hilfe und einen sehr guten Job (in Anbetracht der lokalen
Gehaltsstrukturen). Sie leitete die örtliche Zweigstelle des
Bauernverbandes.

»Sag das nicht!« bat Alan sie. »Sag nicht ›Kommt alle
her‹.«

»Warum nicht?«

»Es irritiert mich. Ich weiß nicht, warum.«

»Dann bist du nur irrational«, sagte Maureen entschieden und sagte es immer weiter. Eine Zeitlang war ihr
»Alle herkommen« weniger bevölkert als Audreys – aber
die Freunde stellten sich bald alle wieder ein, und alles
war wunderbar, und die feuchten, schlaffen Rhododen-
dronblätter, die in ihrer Vergangenheit, in ihren Träumen
gerauscht hatten, standen schön aufrecht und glänzten in
einer imaginären Sonne.

# Ein ganz gewöhnlicher Abend

Herbert hat immer gesagt: Heiligabend ist doch ein ganz gewöhnlicher Abend. Wenn du mal richtig nachdenkst: Jeder Mensch kann jeden Abend Heiligabend feiern. Ich meine: ein bißchen in sich gehen und begreifen, daß wir alle arme Würstchen sind und eine Sehnsucht danach haben, aus dieser Misere erlöst zu werden. Aber dazu braucht man doch nicht so einen Riesenzauber zu machen.

Ich hab' das meinen Kindern auch erklärt, hab' gesagt: »Diese Heuchelei und das fromme Getue machen wir nicht mit. Bei uns läuft alles wie immer. Und damit, daß wir einen normalen Alltagsabend verleben, ehren wir die christliche Sache sogar mehr als alle diese Heiligabend-Christen, die das ganze Jahr über keinen Gedanken an den lieben Gott verschwenden.«

Ja, so starke Worte hat Herbert immer gebraucht. Und ich muß sagen: die haben mir ganz schön imponiert. Irgendwie kam ich mir manchmal schon richtig sentimental vor, wenn ich mit meiner Frau so unterm Tannenbaum saß.

»Herbert hat ja recht«, hab' ich zu meiner Frau gesagt. »Wir sind doch auch nicht gerade die Frömmsten, aber Heiligabend sitzen wir wie alle anderen am offenen Himmelstor und kriegen glänzende Weihnachtsaugen.«

Gestern abend nun – treff ich Herbert in der Kneipe an der Ecke, wo ich manchmal vorm Nachhausegehen noch ein kleines Bier zu mir nehme. Sitzt Herbert da schon am Tresen und guckt so trübe in sein Glas.

»Was ist los, Herbert?« frage ich.

»Ach, dieser Heiligabend«, knurrt Herbert, »ich werd' noch verrückt.«

»Wieso?« frage ich. »Heiligabend ist doch ein Abend

wie jeder andere – wenn man mal richtig drüber nach-
denkt ...«

»Ja, klar!« sagt Herbert. »Aber versuch das mal Christiane klarzumachen!«

»Christiane? Deine Frau heißt doch Lilo!«

»Ach, Mensch!« Herbert macht so ein komisch-ver-
zweifeltes Gesicht: »Ich hab' dir doch erzählt ... Na ja,
du weißt doch ... Ich meine: das kann doch mal passieren ... Ich hab' mich doch verliebt vor 'n paar Monaten ... Nach zehn Jahren Ehe, mein Gott ...«

»Ach so! Deine Geliebte heißt Christiane?«

»Hieß!« knurrt Herbert. »Das heißt, sie heißt noch so,
aber sie ist nicht mehr meine Geliebte. Hat Schluß gemacht. Wegen Heiligabend ...«

»Na so was!« sage ich.

»Hat doch glatt von mir verlangt«, sagt Herbert, »ich
soll Heiligabend zu *ihr* kommen.«

»Und das geht nicht?«

»Na, hör mal! Wie soll ich denn meiner Frau klarma-
chen, daß ich Heiligabend 'ne Geschäftsreise machen
muß? Sie glaubt ja schon vieles, aber das denn doch
nicht!«

»Und deine Christiane sieht das nicht ein ...«

»Nein! Heult mir was vor am Telefon: Das ganze Jahr
ist die Geliebte als Geliebte gut genug. Aber Heiligabend
spielt der Ehemann den Ehemann! Und: Gerade von mir
hätte sie das nicht erwartet, weil ich doch immer so spöt-
tisch über Weihnachten rede. Und Heiligabend erweist es
sich eben – ob die Liebe stark genug ist.«

»Na ja«, sage ich, »wenn Heiligabend doch ein Abend
wie jeder andere ...«

»Ach was«, sagt Herbert. »Das geht einfach nicht.
Schon der Kinder wegen. Dann ist eben Schluß mit der
Liebe! Sentimentalität so was!«

Ich konnte mir ein kleines Grinsen nicht verkneifen.

»Grüß Lilo«, sagte ich und bezahlte mein Bier.

»Und Friede auf Erden!«

78

CHRISTINE NÖSTLINGER

# Weihnachtsgaben im Rückblick

Na, wie war es denn heuer mit den Geschenken, verehrte Leserin? Haben Ihre mehr oder weniger Lieben Ihre geheimen Wünsche getroffen? Oder hat man Sie durch oberflächliche Geschenkswahl tief getroffen?

Hat Ihnen Ihr Mann das Buch geschenkt, das er schon längst hatte lesen wollen? Oder hat er der Werbestimme vertraut, die wochenlang verkündet hat, daß ein Bügeleisen ein sehr »persönliches Geschenk« sein kann?

Und sind Sie sich schon klar, ob Sie es wagen dürfen, von Ihrer Schwiegermutter die Rechnung für den schweinsrosa Morgenmantel zu fordern, damit Sie ihn umtauschen können?

Und wie werden Sie es mit dem Maiglöckerlwasser halten, das eine ruchlose Verkäuferin Ihrem achtjährigen Sohn ins seidige Sternenpapier gewickelt hat?

Und wie verkraften Sie es, daß sich Ihre Tochter im Pullover, den Ihnen Ihr Mann geschenkt hat, pudelwohl fühlt? Wunder ist es ja keines. Der Pullover paßt schließlich ausgezeichnet zur karierten Hose Ihrer Tochter. Was die Tochter, dem Papa beim Einkauf behilflich, sicher bedacht hat.

Und wie, verehrte Leserin, haben Sie denn geschenkt? Ist Ihr Gewissen rein? Oder kommt Ihnen Ihr Ehemann in der himmelblauen Hausjacke nicht doch etwas verloren vor?

Fragen Sie sich, ob die Oma mit Absicht oder aus Altersvergeßlichkeit das »Super-Tiefkühlkost-Sägemesser« unbedingt unter dem Christbaum liegen ließ? Und wie steht's um die froschgrüne Tasche, von der ein Verkäufer sagte, sie sei der Traum aller jungen Mädchen? Wieso hat Ihre Tochter dann gestern die alte Handtasche genommen, als sie außer Haus eilte?

Oder stricken Sie etwa noch am Halsausschnitt vom Pulli, den Sie Ihrem Mann schenken wollten? Wenn dem so sein sollte, nehmen Sie es nicht tragisch. Jetzt, ohne Überraschungszwang, können Sie wenigstens ordentlich Maß nehmen.

In den vergangenen Jahren – Hand aufs Weihnachts-herz – war es doch ohnehin immer peinlich, wenn der arme Kerl freudig und im Scheine der Flackerkerzen das gute Stück anlegen wollte und den Kopf bloß bis zu den Ohren durchs Halsloch bohren konnte und Sie dann murmeln mußten: »Das trenn' ich wieder auf!« Eben! Eine gewisse Zögerlichkeit bei der Geschenkeproduktion hat ihre Vorteile.

JOHN WATERS

# Warum ich Weihnachten liebe

Da ich ein Traditionalist bin, bin ich durch und durch verrückt nach Weihnachten. Im Juli mache ich mir immer schon Sorgen, weil es nur noch 146 Einkaufstage bis dahin sind. »Was schenkst du mir denn zu Weihnachten?« strapaziere ich die Nerven der Sommerfrischler um mich herum, die sich noch nicht einmal entschieden haben, was sie am Labor Day im September unternehmen. Mit jedem Monat werde ich besessener. Im Oktober etwa erschrecke ich wildfremde Menschen, wenn ich mit meiner schräg gesungenen Version von ›Joy to the World‹ herausplatze. An Halloween gehe ich immer als der Kleine Trommler und ein griesgrämiger zudem, weil die rücksichtslosen Geschäfte noch nicht einmal ihre Weihnachtsdekoration aufgebaut haben. Am 1. November beginnt das Jubelfest des Konsums, und ich freue mich so auf Weihnachten, daß mich die bloße Erwähnung eines gefüllten Strumpfes sexuell erregt.

Anfang Dezember stecke ich in einer tiefen Weihnachtspsychose, und erst dann erlaube ich mir den Luxus, in einem Tagtraum meine schönste Kindheitserinnerung nachzuerleben: Wir stürmen durch den Schnee, lachen (ha-ha-ha) den ganzen Weg über bis hin zu Omas Haus und entdecken dann dort, daß der geschmückte Baum umgefallen ist und sie unter sich begraben hat. Meine bonbonfarbenen Erinnerungen sind so oft durch meinen geistigen Projektor gelaufen, daß sie schon fast in 3-D sind. Die Schrecksekunde, bis meine Eltern zu ihr stürzten, um sie zu befreien, meine eigene sprachlose Betroffenheit, als ich nicht zu fragen wagte, ob Omis Geschenke für uns Schaden genommen hatten, und der wunderbare, glorreiche Anblick des nun angeknacksten Baumes mit seinen kaputten Kugeln, der mit Mühe wieder in seine eigentliche, anbetungswürdige Stellung gebracht wurde. »O Tannenbaum! O Tannenbaum!« begann ich in einem wahnsinnigen Anfall kindlicher Hyperventilation aus vollem Hals zu kreischen, bis die stechenden Blicke meiner Eltern, die einen Zug zum Stillstand hätten bringen können, mich verstummen ließen. Nie wieder sollte diese Szene erwähnt werden, und meine Familie tat so, als sei sie nie passiert. Aber *ich* erinnere mich – mein lieber Scholli, und wie ich mich erinnere!

Wer sich kein fröhliches kleines Weihnachtsfest bereitet, kann sich genausogut gleich umbringen. Jede wache Sekunde des Lebens sollte von weihnachtlichem Zwang geprägt sein; Karriere, Liebesgeschichten, Ehen und das ganze Wirrwarr des Alltags müssen diesem Feiertag der Feiertage den Vortritt lassen. Während der 25. Dezember schnell näherkommt, sind die Angst und der Druck, »Glückseligkeit« erleben zu müssen, fester Bestandteil des Rituals. Wer sich nicht die angemessene Stimmung bewahren kann, ist entweder ein dreckiger Kommunist oder muß dringend in psychiatrische Behandlung. Kein Wunder, daß so ein Mensch keine Freunde hat.

Natürlich wurde an Weihnachten angeblich Sie-wissen-schon-wer geboren, aber die wirkliche Heilige Dreieinigkeit sind Gottvater, Sohn und Heiliger Weihnachtsmann. Man sieht in Warenhäusern schließlich niemanden, der als Joseph oder Maria verkleidet ist und die Kinder nach ihren Wünschen fragt, nicht wahr? Seien wir ehrlich: Krippen zeugen von einem unteren Platz auf der gesellschaftlichen Stufenleiter. Sicher, aus der Kirche nebenan ein Schaf oder einen Weisen zur Dekoration der eigenen Wohnung mitgehen zu lassen, ist immer für einen flotten, kleinen Kitzel gut, und man steht am nächsten Tag auch in der Zeitung. Und Madalyn Murray O'Hair (die publicitysüchtige atheistische Heilige) hat immer eine diebische Freude, wenn sie noch an Heiligabend vor Gericht Erfolg hat mit ihrer Forderung, daß aus der Hauptstadt ihres Bundesstaates alle Weihnachtskrippen entfernt werden sollen. Aber wir wissen doch alle, wer der wahre Gott ist, nicht wahr? Ganz recht, der Allerhöchste, der Weihnachtsmann.

Aber wenn man es sich recht überlegt, ist der Weihnachtsmann persönlich verantwortlich für Heroinabhängigkeit. Unschuldige Kinder werden durch Gehirnwäsche dazu gebracht, die erste große Lüge, die ihre Eltern ihnen erzählen, zu glauben, und wenn die Wahrheit sie schließlich voll trifft, glauben sie ihnen nie wieder. Alle strengen Warnungen vor den Gefahren von Drogen haben dieselbe Glaubwürdigkeit wie fliegende Rentiere oder dicke Männer im heimischen Kamin. Aber ich liebe den Weihnachtsmann trotzdem: Legenden stehen immer auf wackeligen Füßen. Außerdem ist er ein Segen für die Arbeitslosen. Wo sonst können Säufer und dicke Menschen Aushilfsstellen bekommen? Und wenn Sie Kinderschänder sind – heureka! Der Traumjob: Da können Sie den Kleinen an den Po fassen und vergnügt glucksen, während Sie die ganze Zeit wissen, was *Sie* ihnen gern schenken würden.

Der Weihnachtsmann gilt vielen natürlich als erotische Figur, und für diese glücklichen Genießer ist die Weihnachtszeit ein Festschmaus des rohen Sex. Manche Menschen fahren eben einfach auf einen Kerl in Uniform ab. Einfallsreiche Unternehmer sollten eine Lederbar mit dem Namen »Die Rute« eröffnen, wo dominante Runzelfetischisten sich wie der gute alte Nikolaus anziehen dürften und passive Gerontophile auf allen vieren herumkriechen und als brave Rentiere die Peitsche zu schmecken bekommen könnten. Popper zu inhalieren und nachgemachte Kamine hinunterzusteigen oder Päckchen von dem Herrn im roten Filz zu öffnen, in denen sich Foltergeräte befinden, könnte die sexgetränkte Atmosphäre der ersten S/M-Weihnachtsbar vollenden.

Man könnte es auch auf die großkotzige Tour angehen. Warum haben Bloomingdale's oder Tiffany's es noch nie mit einem Nobelweihnachtsmann versucht? Leichenblaß und von Kopf bis Fuß in saloppe Armani-Klamotten gekleidet, könnte dieser immer gutsituierte Nikolaus gelangweilt und elegant auf einem Thron posieren und gelegentlich einem reichen kleinen Balg herablassend gestatten, sich in die *Nähe* seines Schoßes zu setzen, um seine Wünsche dann dünkelhaft abzutun: »Ach, mein Schätzchen, das willst du doch gar nicht *wirklich* haben, nicht wahr?«

Der Weihnachtsmann war immer schon der definitive Filmstar. Vergessen Sie ›White Christmas‹, ›It's a Wonderful Life‹ und den übrigen banalen Schrott. Schauen Sie sich die echten Klassiker an: ›Silent Night, Bloody Night‹, ›Black Christmas‹ oder ›Christmas Evil‹, der beste Feiertagsfilm aller Zeiten (»Er wird mit Ihnen Schlitten fahren«). Dieses wahre Meisterwerk des Films ist in den Kinos nur ein paar Sekunden gelaufen, ist dafür aber jetzt als Video erhältlich, und ohne es ist an den Feiertagen keine Familienfeier vollständig. Der Streifen erzählt die Geschichte eines Mannes, von dem Weihnachten vollkommen Besitz ergreift. Seine Neurose erhebt ihr häßliches Haupt zum erstenmal, als er Rasierschaum auf sein Gesicht aufträgt, in den Spiegel schaut, einen weißen Bart sieht und sich einbildet, er *sei* der Weihnachtsmann. Er nimmt eine Arbeit in einer Spielzeugfabrik an, beginnt den Nachbarskindern nachzuschnüffeln und sie auszuspionieren, eilt dann nach Hause und trägt fieberhaft Bemerkungen in sein großes rotes Buch ein: »Jimmy war heute ein braver Junge« oder »Peggy war ein ungezogenes kleines Mädchen«. Er zieht sich als Weihnachtsmann an und liegt auf den Dächern auf der Lauer, bereit zum Sprung. Schließlich bleibt er wirklich im Schornstein eines Nachbarhauses stecken und weckt mit seinem Radau die Familie auf. Mama und Papa drehen durch, als sie in ihrem offenen Kamin einen dicken Geisteskranken finden, aber die Kinder frohlocken wie wild. Der Weihnachtsmann hat keine andere Wahl, als diese engherzigen Eltern mit dem rasiermesserscharfen Stern zu töten, der die Spitze ihres Weihnachtsbaumes schmückt. Als er vor der Lynchjustiz der Nachbarn flieht, stehen ihm die Kinder bei und trotzen den erregten Eltern, indem sie einen menschlichen Schutzwall um ihn bilden.

Endlich, bis an die Grenzen der Weihnachtsmannmanie getrieben, springt er in seinen Kleinbus bzw. Schlitten, und der hebt ab und fliegt über den Mond hinweg, während er psychotisch und glücklich gellt: »Los, ihr Rentiere! Los, Dancer! Los, Prancer! Los, Donner und Vixen!« Ich wünschte, ich hätte Kinder. Ich würde sie zwingen, den Film jedes Jahr anzuschauen, und wenn er ihnen nicht gefiele, würden sie bestraft.

Die Weihnachtsvorbereitungen sind das Vorspiel des Weihnachtsfestes, Weihnachtskarten sind selbstverständlich die vornehmste Aufgabe, und Sie *müssen* unbedingt jedem Menschen, den Sie kennengelernt haben, wie flüchtig es auch gewesen sein mag, eine schicken (mit persönlichem, handschriftlichem Text). Falls diese Geste nicht erwidert wird, sprechen Sie nie wieder mit der betreffenden Person. Etwaige Sünder speichern Sie in Ihrem Computer und grollen ihnen ewig: Nehmen Sie nicht einmal an ihrer Beerdigung teil.

Natürlich müssen Sie von *Hand* Ihre eigenen Karten herstellen. »Ich habe aber keine Zeit«, greinen Sie jetzt vielleicht, aber da Weihnachten der einzige Zweck des Lebens ist, *schaffen* Sie sich gefälligst Zeit, Herrschaften. Wir Weihnachtszeloten sind recht anspruchsvoll, was die Mindestanforderungen an Feiertagsbenimm anbelangt. »Aber mir fällt einfach nichts ein …«, ist in der Regel die nächste Ausrede, aber solchen Leuten schneidet man einfach mitten im Satz das Wort ab. Zu Weihnachten ist es ein Leichtes, kreativ zu sein. Einmal hatte ich eine wirklich schnuckelige Idee, die ganz ohne Schwierigkeiten umzusetzen war. Ich kaufte eine billige Dutzendkarte mit Joseph und Maria, die den kleinen Jesus im Arm hat, und setzte Charles Mansons Gesicht auf den heimatlosen Säugling. Auf der Innenseite der Karte verkündete ich:

»Er ist geboren.« Alle Welt war begeistert, und manche meinten sogar, daß sie sie aufgehoben haben. (Um das klarzustellen, ich lehne es ab, nach Weihnachten die Karten, die man bekommen hat, Altenpflegeheimen zu stiften. Man sollte meinen, daß die Senioren in ihren vielen Jahren auf Erden Gelegenheit hatten, selbst ein oder zwei Freunde zu gewinnen. Tun Sie es keinesfalls!) Ich sehne mich danach, zum kommenden Fest endlich die Karte zu realisieren, von der ich schon seit Jahren träume. Ich werde darauf in Hausmantel und Hausschuhe gekleidet in einem weihnachtlichen Ambiente à la Rockwell sitzen, meine Geschenke auspacken und im selben Moment bemerken, daß sich das Seidenpapier aus unerklärlichem Grund entzündet hat und die Flammen sich züngelnd in Richtung Baum ausbreiten.

Bei den Weihnachtseinkäufen müssen Sie sich zutiefst verschulden. Die Summe, die Sie ausgeben, muß immer in genauer Korrelation zu der Sympathie stehen, die Sie für den Empfänger empfinden. Meine Liebe für Tante Mary ist etwa 6 Dollar 50 wert; Onkel Jim – nun, wenigstens hat er sich eine neue Zahnprothese machen lassen – 8 Dollar. Wenn bei Ihnen das Weihnachtsfest kommt und wieder geht, ohne daß Sie bankrott sind, tun Sie mir leid – Sie sind ein Mensch, in dem nicht genug Liebe steckt.

Man kann gar nicht genug Geschenke kaufen. Wenn Sie im städtischen Bus zu mir »Entschuldigung« gesagt haben, stehen Sie auf meiner *Geschenkliste.* Ich mache sogar Päckchen für gar nicht existierende Menschen, nur für den Fall, daß mir jemand, den ich kaum kenne, ein Geschenk überreicht und ich nicht darauf vorbereitet bin, diese Geste zu erwidern. Obwohl ich ganz der Typ bin, der andere auf die Palme bringt, indem er sagt: »Oh, ich habe meine Einkäufe schon vor Monaten erledigt«, während diese in letzter Minute panisch versuchen, sich zu entscheiden, gehe ich auf dem Gipfel der Weihnachtsmanie doch gern in die Geschäfte. Dann ist jedermann grauenhaft gelaunt, und man kann sehen, wie überlastete, unterbezahlte Aushilfskräfte Nervenzusammenbrüche haben. Ich notiere mir immer die Nummern auf ihren Angestelltenplaketten und melde sie wegen Übellaunigkeit.

Falls Sie Krimineller sind, ist Weihnachten für Sie und Ihre Familie eine ganz besondere Zeit. Ladendiebstahl ist einfacher, und die Wagen auf den Parkplätzen sind vollgepackt mit Geschenken für Ihre Kinder. Da die Schecks, die man (als Gabe) für den Postboten und die Müllmänner liegen lassen soll, doch nur geklaut werden, deponiere ich gern kleine Scherzartikel, zum Beispiel Briefbomben. Glücklicherweise wohne ich in einer verkommenen Gegend und brauche mir deshalb keine Sorgen zu machen; die Räuber wohnen alle bei mir im Haus und gehen auf Raubzug in die reichen Stadtteile. Wenn man von der schnellen Truppe ist, kann man die Beute der Diebe klauen, während sie den Wagen entladen. In meinem Stadtteil scheint jedes Kind zu Weihnachten Rollschuhe geschenkt zu bekommen, und es ist Musik in meinen Ohren, wenn ich plötzlich das Dröhnen einer sich nähernden Rollschuhbande höre, deren Mitglieder eine Handtasche, die sie soeben geklaut haben, wie eine heiße Kartoffel zwischen sich hin- und herwerfen.

›Santa Claus Is a Black Man‹ ist mein liebstes Weihnachtslied, aber ich mag auch die Weihnachtsplatte der Chipmunks, ›Jingle Bells‹ von den Barking Dogs und ›Frosty the Snowman‹ von den Ronettes. Wenn Ihr Herz vor Feiertagsfreude so jubiliert, daß Sie es nicht aushalten, rufen Sie doch einfach mal Ihre Freunde an, und gehen Sie selbst mit ihnen Weihnachtslieder singen. Besonders wenn Sie alt, drogensüchtig, Alkoholiker oder offensichtlich homosexuell sind und eine Menge weibischer Freunde haben. Ziehen Sie in Rudeln los. Falls Sie schwarz sind, besuchen Sie einen etepeteten weißen Stadtteil. Klingeln Sie, und wenn die Familie, die aussieht wie in ›Vater ist der Beste‹, die Tür öffnet, legen Sie gemein kreischend mit Ihrem liebsten Weihnachtslied los. Schauen Sie sich die Gesichter der Leute an. Sie können gar nichts machen. Was Sie tun, ist doch nicht verboten. Vielleicht bekommen Sie sogar ein Geschenk

Sie müssen immer gut vorbereitet sein, falls jemand Sie fragt, was Sie sich zu Weihnachten wünschen. Nennen Sie Markennamen, den Laden, der das Produkt verkauft und, falls möglich, die genaue Bestellnummer, damit jeder Irrtum ausgeschlossen ist. Seien Sie ganz der Typ, den zu beschenken schier unmöglich ist, so daß man Ihnen kaufen muß, was Sie sich wünschen. Das war meine Wunschliste für 1985: das lange vergriffene Paperback ›The India Torture Slaying‹, das Filmplakat von ›I Hate Your Guts‹ und ein Abonnement für ›Corrections Today‹, das Branchenblatt für Gefängnisdirektoren. Falls Sie jemandem Geld schulden, ist jetzt der richtige Zeitpunkt, es zurückzugeben und gleichzeitig auf ein passendes Geschenk hinzuweisen. Wenn Sie als Vorläufer auf ein Geschenk einen Nikolausstrumpf zu erwarten haben, sagen Sie dem Schenker von vornherein, daß Sie für Rasierklingen, Deodorants und den üblichen Kleinkram nichts übrig haben, sondern Strumpffüllungen erwarten, die originell und erlesen sind und einzig und allein zu Ihnen ausgezeichnet passen.

Es ist ein Vorteil, Sammler zu sein, weil so die Weichen für das zu erwartende Geschenk gestellt sind. Seit Jahren beglücken mich Freunde mit dem Spielzeug, das die Konsumentenorganisation der *Americans For Democratic Action* alljährlich zum »schlechtesten Spielzeug« erklärt, das man seinem Kind zu Weihnachten schenken kann. »Gobbles, die abfallfressende Ziege« stand am Anfang meiner Sammlung. »So eine verrückte, fressende Ziege« stand auf der reizenden Verpackung, und kleingedruckt heißt es: »Inhalt: eine realistische Ziege mit einem Kopf, der sich auf und ab bewegt. Wird komplett mit sieben Stücken künstlichen Abfalls geliefert.« Die Gebrauchsanweisung dieses Spielzeugs von *Kenner Discovery Time* ist unbezahlbar. »Gobbles ißt gern Abfall, wenn sie hungrig ist, und sie ist *immer* hungrig. (1) Halte Gobbles Maul am

Ziegenbart offen. Stecke ein Stück künstlichen Abfall in ihr Maul und (2) dann betätige den Schwanz, bis der Abfall verschwunden ist.« Am Ende steht eine ominöse Warnung: »Gobbles frißt *nur* den Abfall, der mit dem Spielzeug geliefert wird.« Und noch kleiner gedruckt heißt es: »Falls du mehr Abfall brauchst, schicken wir ihn dir als Serviceleistung direkt. Für vierzehn Stücke Abfall schickst du 1 Dollar (nur gegen Scheck oder Postanweisung; wir bedauern: keine Nachnahme) an: ...« Ich kann Ihnen gar nicht sagen, wie viele Stunden Spaß ich schon mit Gobbles gehabt habe. Manchmal, wenn ich mich sehr langweile, ziehen Gobbles und ich uns nackt aus und spielen.

Im Laufe der Jahre ist meine Sammlung größer geworden. Da gibt es »Das Planschhündchen« (»Du kannst ihm Wasser zu trinken geben und ihn sein Kästchen naß machen lassen, und er gibt dir auch Küßchen«), »Windelbaby«, vor dem die Konsumwachhunde warnten: »Wenn Sie es aus seiner Schachtel nehmen, riecht es, und der Geruch geht nicht weg«, und »Kullertränen-Baby« (»Die Tränen tröpfeln nicht heraus, sondern schießen einen Meter weit«). Natürlich gelüstet es mich immer noch nach dem Gewinner der ersten alljährlich vergebenen Auszeichnung (bevor es mit meiner Kollektion losging) – eine Guillotine für Puppen. »Nimm das, Barbie.« – »Runter mit der Rübe, Betsy Wetsy!«

Es spielt keine Rolle, was Sie von Ihren Geschenken halten; jedes muß postwendend mit einem Dankschreiben beantwortet werden. Die richtigen Worte für den Brief zu finden kann schwierig sein, besonders bei entfernten Verwandten, die einem eine Karte mit zwei jungfräulichen Ein-Dollar-Noten darin schicken. Antworten Sie offen und ehrlich – »Lieber Onkel Walt, danke schön für die 2 Dollar. Ich habe mir davon eine Schachtel Fluppen gekauft und den Rest in einer ganz besonders widerlichen Peep-Show verjubelt. War ganz witzig!« Oder: »Liebe Tante Lulu, ich habe mich schrecklich gefreut über Dein liebes Geschenk in Höhe von 5 Dollar. Ich habe mir schnurstracks ein bißchen PCP gekauft. Leider ist es mir nicht bekommen, und ich habe meine Schwester erstochen, das Haus angezündet und bin in eine Anstalt für unzurechnungsfähige, aber gefährliche Straftäter gebracht worden. Kannst Du mich vielleicht mal besuchen kommen? In Liebe, Dein Neffe.«

Ich veranstalte jedes Jahr eine »Firmenfeier« und lade dazu meine alten Freunde, Geschäftspartner und alle schneidigen Kriminellen ein, die eben erst auf Bewährung entlassen wurden. Ich verstärke alle meine Stühle, da viele meiner Gäste aus irgendeinem Grunde sehr fett sind. Nachdem ein paar antike Stücke zu Bruch gegangen sind, habe ich meine Lektion gelernt. Früher schmiß ich die Party immer Heiligabend, aber viele Gäste beschwerten sich über ihren scheußlichen Kater, so daß ich den Termin vorverlegen mußte. Jetzt stöhnen und würgen sie nicht mehr am nächsten Tag unter dem Weihnachtsbaum ihrer Eltern, während ihre Geschwister ihnen wegen vorzeitigen Ergusses der Weihnachtsstimmung böse Blicke zuwerfen.

Ich lade für gewöhnlich etwa hundert Personen ein, und die Gäste wissen, daß ich erwarte, daß jedermann allen anderen ein Geschenk mitbringt. Zehntausend Geschenke! Wenn sie um Mitternacht aufgerissen werden, kann man den Weihnachtswahnsinn in voller Blüte erleben. Etwas bringt mich um den Verstand: ungeladene Gäste. Ich habe das Problem jetzt gelöst, indem ich einen Türsteher engagiere, der jedem, der ohne Einladung kommt, seinen Pistolenlauf überzieht, aber früher kamen die Eindringlinge immer durch. Einfach unverschämt! Ausgerechnet an Weihnachten, wenn Visionen von Naschwerk orgiastisch durch mein Gehirn tanzen. Eine brachte sogar einmal ihre Mutter mit – wie rührend. »Raus mit dir!« fauchte ich wütend, nachdem ich ihr die Flasche Schnaps aus der Hand gerissen hatte, von der sie fälschlicherweise annahm, daß sie ihr (*und* ihrer gottverdammten Mutter) Einlaß verschaffen würde.

In einem Zimmer führe ich immer einen Film vor: ›Wedding Trough‹ (über einen Mann, der sich in ein Schwein verliebt und es dann ißt) oder ›Kitten With a Whip‹ (mit Ann-Margret und John Forsythe) oder ›What Sex Am I?‹ (eine medizinische Dokumentation über Geschlechtsumwandlung). Wenn es schließlich für die Gäste an der Zeit ist, zu verschwinden, gehe ich unmißverständlich zu Bett und schlafe; dann wissen sie, daß sie lieber nach Hause gehen sollten, weil der Weihnachtsmann unterwegs ist.

Der Weihnachtstag ist wie ein endloser Orgasmus. Glückseligkeit und gute Laune sollten in Ihren Adern pulsieren. Wenn Sie Eierflip picheln, Truthahn futtern und im Familienkreis wie rasend Geschenke aufreißen, müssen Sie zwischendurch eine Pause einlegen, um das Gefühl des inneren Friedens zu genießen. Sobald erst einmal alles vorbei ist, können sie zusammenklappen.

Dann ist der richtige Zeitpunkt für Ihren Selbstmord, falls Sie dazu neigen. Alle Arten von Neurosen sind erlaubt. Depressionen und das Gefühl, daß alles irgendwie nicht gut genug war, sind zu erwarten. Es gibt nichts zu tun! In einen schlechten Film gehen? Zwischen Weihnachten und dem 1. Januar kann man nicht aus dem Haus gehen, weil alles so unsicher ist; die Schnellstraßen des Landes wimmeln von Betrunkenen, die Dampf ablassen und panisch versuchen, von ihren Familien wegzukommen. Geschenke umzutauschen ist nicht nur unverschämt, sondern auch psychologisch gefährlich – wenn Sie nicht vorsichtig sind, bekommen Sie dabei vielleicht den Abschaum der Erde zu sehen, nämlich knickerige Kreaturen, die im Weihnachtsausverkauf Einkäufe tätigen, um ein paar Kröten zu sparen. Auf was kann man sich freuen? Auf den 1. Januar (den Neujahrstag), auf das Fest der Beschneidung Christi, den vielleicht unappetitlichsten hohen Feiertag der katholischen Kirche? Auf die Beseitigung des schmutzigen, abgestorbenen, teuren Weihnachtsbaumes vielleicht, der plötzlich der Jahreszeit

nicht mehr angemessen ist und nur noch eine Brandge-
fahr darstellt? Es gibt nur ein Entkommen von der nach-
weihnachtlichen Depression – der Gedanke, daß es in
vier kurzen Wochen wieder Zeit ist, von vorn anzufan-
gen. Was schenken Sie mir?

FRANCES FYFIELD

# Kalt und tief

Das Eis hatte sich innerhalb von achtzehn Stunden gebildet; Sarah spürte scharfe Ränder um sich herum gefrieren. Zum Schneien war es zu kalt; Schnee würde sie nur länger gefangen halten, und sie saß so schon gründlich in der Falle. Wie dumm, wie absolut dämlich von ihr zu versprechen, ihrer Schwester zu helfen – als könnte sie Kinder überhaupt auch nur leiden. Noch während sie aus dem Zug stieg, wägte Sarah in Sekundenschnelle die Gründe ab, die sie an diesen Punkt geführt hatten, und fand sie unzureichend. Nur: Sie hatte das Alleinsein so erfolgreich kultiviert, wo hätte sie sonst schon hingehen sollen? Mary hatte eben gefragt, und Weihnachten war und blieb ein Alptraum, egal wo.

Die Bude würde voll sein. Sarah kramte in ihrem Gedächtnis nach Personenzahl und -namen: Mary natürlich, mit ihrem Mann Jonathan, dazu die beiden Töchter, sechs und acht Jahre alt, dazu das Baby. Was für ein Alptraum. Dann wäre da noch Fiona, hingebungsvolle Verlobte von Jonathans Bruder Richard, die schon vor drei Tagen Stellung bezogen hatte, um die Versorgung zu sichern und das Haus empfangsbereit zu machen. Ihr Liebster käme ihr nachgeeilt. Im Vergleich dazu erschien Sarah die Aussicht auf den betagten Vater geradezu verlockend. Sie beide würden sich verbünden und die Singles-Fraktion würdig vertreten, sie in der Rolle der verbiesterten, freudlosen Tante, er in der Rolle des trinkfreudigen Tattergreises. Sie würden das Fest mit Hilfe einer großen Flasche Gin abwettern.

Der Bahnhof war häßlich und zugig, kein Ort, der zum Verweilen einlud. Sarah entsann sich ihrer Weisung, die unschlagbar tüchtige Fiona anzurufen, doch beim Anblick der langen Schlange vorm Telefonhäuschen sträubte sie sich innerlich dagegen. Dann lieber ein Taxi und ein kurzer Fußmarsch, denn so ließe sich die beklemmende Trostlosigkeit des Ganzen noch hinausschieben, und immerhin winkte am Ziel – tröstlicher Gedanke –, in dem von ihrer Schwester überaus plastisch beschriebenen Haus, die Gesellschaft eines Hundes. Einer Hündin vielmehr, mit einem Wurf Jungen, erinnerte sich Sarah, und bei der Erinnerung mußte sie sich plötzlich, ohne jede Vorwarnung, direkt vor der Taxireihe übergeben. Es dauerte, ehe sie ein Taxi bekam.

Im Wagen, der sich den Midlands in qualvoll langsamem Tempo von Norden her näherte, war lustlose Zänkerei zu lahmen Pausen abgeflaut. »Ich weiß wirklich nicht, warum wir uns das antun müssen«, sagte Mary ein letztes Mal. Jonathan war über den Punkt hinaus, wo er aufbrauste und aufs Lenkrad schlug; das hatten sie hinter sich.

»Du weißt genau, warum. Weil es uns guttun wird. Weil sich die Gören mal austoben können. Weil Dad sich immer noch nicht ganz von seinem Schlaganfall erholt hat; er hätte nicht zu uns kommen können. Außerdem«, meinte er verschlagen, »wo doch Fiona da ist, brauchst *du* gar nichts zu tun, nur schlafen. Und Sarah packt sicher mit an, oder?«

Ah, raffiniert, dachte Mary, raffiniert. Schlaf: eine unwiderstehlich verlockende Vorstellung. Das Auto war ein Kokon ohne Trost, gepolstert mit Groll. Beth und Sylvie, sechs und acht Jahre alt, sonst darauf gepolt, Chaos zu verbreiten, sobald das feuchte Bündel des zwölf Wochen alten Säuglings mal auf dem Schoß seiner Mutter einschlummern wollte, hielten ausnahmsweise still. Jonathan musterte Mary im Rückspiegel, sah ein spitzes Gesicht, eine Erschöpfung, der abzuhelfen sein Einkommen und seine Kräfte überstieg. Er dachte voller Neid an die Unbekümmertheit seines jüngeren Bruders und die sorgenfreie Dekade, die sie trennte. Er neidete Richard nicht nur sein Leben, sondern genauso sein Auto und seine köstliche, kompetente, fürsorgliche Fiona.

»Wir haben Großvaters Hund! Mit Babys diesmal!« kreischte Beth, der Stille überdrüssig. »Und ich geh' im See schwimmen!« Mary zuckte zusammen.

»Ich glaube kaum, Schatz.«

»Soll ich dir was sagen, Daddy, soll ich, soll ich, soll ich?« sprudelte Beth weiter, immer geneigt, abrupt das Thema zu wechseln. Gab es je ein redseligeres Kind? Mary schloß die Augen.

»Na los. Tust du doch sowieso.«

»Ich mag Fiona nicht, nicht nach letzten Sommer. Nicht sehr.«

Mary riß die Augen auf, ihr Ton wurde schrill vor Sorge: »Sei nicht albern! Fiona ist reizend. Alle Welt hat sie gern.«

»Großvater sein Hund aber nicht. Großvater auch nicht. Und ich auch nicht.«

Mary verlor die Beherrschung: »Du spinnst wohl! Wenn Fiona nicht wäre, würden wir zwei Tage lang nicht essen und nicht schlafen. Also halt gefälligst den Mund! Halt bloß den Mund!«

Schweigen. Beth fielen noch im Schmollen die Augen zu, Sylvie hielt sich aus Protest krampfhaft wach. Im blendenden Gegenverkehr kroch der Wagen wieder eine Meile weiter. Ein zweites helles Stimmchen meldete sich selbstgefällig von hinten, froh, diesmal von keinem Tadel getroffen zu sein.

»Wann sind wir endlich da, Daddy? Wann sind wir da, wann sind wir da?«

Es wurde ein Sprechchor daraus. Er seufzte.

»Bald. Wenn du brav bist, darfst du mit Großvaters Hund spielen.«

Eine gelbe Hündin, hauptsächlich Labrador, und immer noch Richards. Vielleicht würde es dieses Jahr zu Weihnachten schneien. Das häßliche Haus seines Vaters war für Richard ein über alles geliebter Ort geblieben, und auch die Aussicht auf Schnee schreckte ihn nicht. Was für ein allerliebstes Häuschen, sagte Fiona soeben am Autotelefon. Es wird eng werden, Schatz, hieß das im Klartext, mit Mary und der ganzen Bagage. Und dann noch die Schwester, wozu schleppte sie um alles in der Welt auch noch ihre Schwester an. Wir werden leise sein müssen. Sei's drum, meinte er.

»Im Bett sind wir aber nicht besonders leise.« Fiona gluckste. Richard grinste wie blöde.

»Hat sich Dad gefreut, dich zu sehen?«

»Ja, aber längst nicht so wie die Altenpflegerinnen und die Nachtschwester. Ich dachte schon, sie fallen mir um den Hals und knutschen mich ab. Aber im Grunde mag er mich nicht, das weißt du doch ...«

»Unsinn, natürlich mag er dich. Das hat er ausdrücklich gesagt, oft schon.« Die Lüge glitt ihm mühelos durchs Autotelefon. Das Telefon war ihm ein wenig peinlich; er war in den Apparat verliebt, als wär' er ein Teil von ihm. Es gab Zeiten, da war ihm auch peinlich, was er für Fiona empfand, aber schließlich hatte ihn das, was er leidenschaftlich liebte, immer verwundbar gemacht. Wie die Telefone – Quelle sowohl seines Einkommens als auch kindlicher Freude –, wie sein altes Kinderspielzeug und wie der Dreiviertel-Labrador, den er vor drei Jahren bei seinem verwitweten Vater zurückgelassen hatte, als er auszog. Mit der gleichen Beharrlichkeit hatte er Dad geliebt, und er war oft nach Hause gefahren, um der Dritte in ihrem behaglichen Bunde zu sein. Das war vor Fiona, bevor ihm Fiona seine achtundzwanzigjährige Unschuld ausgetrieben und ihm die Augen für die schiere Bedeutung von Besitz geöffnet hatte. Er fühlte sich immer noch leicht verräterisch, als wäre die Liebe ein Wettkampf und er die Trophäe; Quatsch natürlich. Der Tüchtige konnte eben doch alles haben. Er telefonierte viermal am Tag mit Fiona; ihre Stimme glich fast ebensosehr plüschigem Samt wie die Kuhle unterm Kinn des

Labradors, die Richard gerne kraulte, bis sich ihm ein gelbrosa Hundebauch vor Wonne entgegenwälzte. Den Hörer des Autotelefons auf der Überholspur in der Hand, warf er einen Blick in den Spiegel und sah sich grinsen. Ein zweiter BMW hing ihm auf der Stoßstange. Er zwang ihn zu warten.

»Du weißt sehr wohl, daß dein Vater mich nicht leiden kann, aber ich sollte dich vorwarnen: Es ist viel schlimmer geworden mit ihm. Flucht wie ein Fuhrmann. Redet Schlechtes über andere, über mich, und sogar über dich. Viel schlimmer als noch vor vier Wochen. Will partout mit einem Löffel essen. Heute abend wird er sich allerdings kaum noch groß auslassen, weil er sehr müde ist, höchstens ein bißchen blubbern.«

»Blubbern?« fragte Richard begriffsstutzig, doch dann schlingerte der Wagen, und es begann, in der Leitung zu knistern. Kein Schnee, ohne Vorwarnung eine unterbrochene Verbindung und der andere BMW mit einemmal vor statt hinter ihm, als er jetzt nach links hinüberzog, und dabei hatte er sich noch gar nicht nach der albernen gelben Töle und ihrem späten Fehltritt erkundigen können. Die Trächtigkeit der Hündin zeigte deutlicher als alles andere, daß Dad die Dinge aus dem Ruder liefen und er, Richard, seiner Orientierung beraubt, allmählich in fremdes Fahrwasser trieb. Er schüttelte den Kopf und gab Gas. Fiona war einfach einmalig.

Der Pudding war fast gar, in der Speisekammer lag das Paar gestopfte Gänse folienverpackt bereit. Was ist das nur für ein häßliches Haus! dachte Fiona. Kein stilvolles Landhaus, sondern schauriger Nachkriegsstil, an den äußersten Rand einer fürchterlichen Siedlung geklatscht, die durch die Kohleindustrie reich und dann arm geworden war. Behausungen, die hangabwärts auf eine unwirkliche, einstige Tagebaulandschaft voll künstlicher Senken und kahler Flächen zurutschten, baumlos, nur jenseits der in Immergrün erstickenden Vorstadtgärten mit undefinierbarem Gestrüpp überzogen. Die Villa klebte am Ortsrand, dahinter fiel ein Hang sanft zu einem Tümpel im Grund ab, Teil von Dads Reich, aber beliebter Treffpunkt der Dorfjugend, die ihn als eigenes Revier betrachtete, ein fauliges, stehendes Wasser, das der romantische Besitzer und seine Familie hartnäckig als »See« bezeichneten. Mochte sein, daß der Tümpel Kindern größer erschien, räumte Fiona gnädig ein, immerhin war das Wasser tief und kalt, das hatte sie bei ihrem zweiten kurzen Gang zum knirschenden Ufer feststellen müssen, den sie unternahm, um mal aus dem Haus zu kommen und zu prüfen, wie sich das Eis machte. So kalt, daß sie anschließend in der Küche ihre Hände unter den laufenden Heißwasserhahn halten mußte. Sie blickte auf die Uhr. Diese Schwester einer Schwägerin hätte längst anrufen müssen; der Zug hatte wohl Verspätung. Pech, dann müßte sie eben jemand anders abholen. Aus dem Hundekorb ertönte ein Winseln und vom Wohnzimmer am anderen Ende des scheußlichen Linoleumflurs ein unbestimmtes, fernes Rumpeln. Großvaters Hund heftete einen hilflos leidenden Blick auf Fiona. Die Hündin lag auf der Seite, die geschwollenen Zitzen unübersehbar; eine saubere Decke hatte das zerfetzte, blutige Zeitungspapier vom Vortag ersetzt. Fiona schritt energisch zur Hündin hinüber und schob eine Tablette zwischen rosa Lefzen, die keinen Widerstand leisteten. Als sie ihre Finger herauszog, waren sie mit Hundespeichel benetzt. »Nun komm schon«, sagte sie. »Ärztliche Anweisung. Ihr Mütter könnt einem aber auch wirklich das Leben zur Plage machen. Auf. Wird's bald? Auf!«

Der Beinahe-Labrador kam der Aufforderung schwerfällig, widerwillig nach, seine ungeschnittenen Krallen klickerten übers Linoleum zum karierten Teppich. Wo man auch hinschaute in diesem Haus, alles war änderungsbedürftig, dachte Fiona, alles die reinste Geschmacksverirrung, dabei ließe sich aus dem alten Ungetüm ein wunderschönes und wertvolles Vorortobjekt machen, wenn man es nur von der Aura der frühen Sechziger befreien könnte, Zeitpunkt der Geburt des letzten Kindes. Seitdem fehlte hier die zarte Frauenhand. Wir müßten Steinplatten für den Garten haben, dachte Fiona, Kies für die Auffahrt, aus dem Tümpel könnte ein Schwimmbad werden, Richard könnte von dort über sein Mobiltelefon mit mir sprechen.

Das Haus tauchte *nicht* plötzlich aus dem Nebel auf, als Sarah sich zu Fuß näherte, vorbei an verriegelten, von der Straße zurückgesetzten Eigenheimen mit blicklosen Fenstern, aus denen nur hier und da ein Lichtschimmer drang und ihr eigenes Ausgeschlossensein unterstrich. »Nichts Hochherrschaftliches«, hatte Mary gesagt, »bloß groß und zu wenig Toiletten.« In der holprigen Einfahrt hätten drei Wagen nebeneinander Platz gehabt, auch wenn sie für nur einen gedacht und derzeit leer war. Sie war offenbar die erste, und da es ihr widerstrebte zu klopfen, stand sie unschlüssig vor der Haustür neben einem gewaltigen Terrakottatopf, großspurig fehl am Platz, der einen kleinen Strauch in frischer Komposterde beherbergte. Die Strauchzweige waren mit winzigen Ornamenten geschmückt, die beim geringsten Hauch leise klirrten, das ganze Gebilde wirkte abstoßend in seiner geschmackvollen Neuwertigkeit und ließ sie an einen Friedhof mit frischen Blumen denken. Immer noch zögernd, eingeschüchtert von der festlichen Botschaft, wanderte Sarah ein Stück nach rechts hinüber und lugte, um Zeit zu schinden, durch eines der Bleiglasfenster hinein. Sie sah bunte Lichterketten an einem Weihnachtsbaum, hörte gedämpfte Laute, undeutlich und, wie die Lichter, durch die Scheibe verzerrt.

In einem Armsessel saß ein alter Mann so kerzengerade, daß er sich mit Hilfe des Stocks, der fünf Meter entfernt an der Tür lehnte, mühelos hätte aufrichten können. Er schien lauthals nach dieser Stütze zu verlangen, brüllte und schlug mit den Handgelenken auf die Armlehnen des

Sessels. Eine hochgewachsene junge Frau machte sich daran, ihn zu besänftigen, gefolgt von einem verschossen gelben Hund mit rosa Hängebauch. Die bleiverglaste Scheibe verschwamm vor ihren Augen, Sarah reute ebenso der Wein, den sie auf der Zugfahrt getrunken hatte, wie das inzwischen unvermeidliche Erbrechen am Bahnhof, aber sie glaubte doch zu sehen, wie ein Plastiklatz von einem kreppapiernen alten Hals gerissen wurde und ein sauberes weißes Hemd zum Vorschein kam, wie ein Hörgerät ins Ohr gerammt wurde, wie der Stock in Reichweite plaziert wurde und dem Alten erlauben würde, sich hochzuhieven, wie eine Bürste unsanft durch dichtes, graues Haar gezogen, wie durch die Bewegung ein volles, rundes Gesicht nach hinten gerissen wurde und ein zorniger Schrei sich darauf abzeichnete. Er sah aus wie ein Baby; ihr wurde wieder übel. Die strahlend blauen Augen im runden Gesicht richteten sich aufs Fenster, als müßte von dort die Erlösung kommen, erblickten Scheinwerfer, verloren ihre Starre. Die schlanke Silhouette der jungen Frau glitt geschäftig durch den Raum, ihr Haar ein Glanzlicht, ihr schmales Hinterteil anmutig vorgereckt, als sie sich über Sofakissen beugte. Sarah huschte zur Haustür. Im Strahl der Scheinwerfer drückte sie auf die Klingel, es ertönte ein billiges, blechernes Glockenspiel, das jedem letzten Rest eingebildeter Hochherrschaftlichkeit hohnsprach und sich dem neumodisch guten Geschmack des teuren Topfes widersetzte. Hinter ihr hielt ein Auto, dahinter, langsam ausrollend, ein zweites. Fiona riß die Tür auf, stand lichtgerahmt wie ein Engel, strahlend, voll freudiger Begrüßungen und wohltuend herzlicher Belanglosigkeiten. »Immer rein in die gute Stube, hereinspaziert! Wie schön, daß ihr alle gleichzeitig kommt! Kommt Dad begrüßen...«

Richard erblickte ihn zuerst: Dad, jeder Zoll der gepflegte Gentleman vorgerückten Alters, in altmodisches Kavallerietuch gekleidet, die gelbe Hündin zu Füßen und mannhaft zurückgehaltene Tränen in den Augen. Dad strahlte; ihm schien das Herz auf der Zunge zu liegen, doch zum Reden blieb keine Zeit. Richard tätschelte seinem Vater, in der Annahme, die vielen Leute verwirrten ihn, und Fionas Worte noch im Ohr, begütigend den Arm. Es war bereits aufgetischt: hausgemachte Suppe, Sandwiches, Kekse, Kinderbrei. Jede Menge Rotwein für die Erwachsenen. Ideal für einen Weihnachtsabend im Kreise der Familie; bald schon ließen sich alle häuslich nieder.

Es war wie immer Beth, die für den ersten Mißklang sorgte, indem sie mit bebendem Kinderfinger auf den Beinahe-Labrador deutete. Nicht etwa, um das Tier anzuprangern oder zu kritisieren, sie wollte es einfach nur wissen.

»Wo sind die Babys?« rief sie höflich ungehalten.

Großvater fuhr in seinem Sessel hoch, er machte ein Gesicht, als wollte er lospoltern, brachte aber nur ein Zischen zustande. »Sie wollte nicht ...«, begann er. »Sie wollte nicht ...«

»O je«, sagte Fiona, legte ihm eine Hand auf den Arm und blickte Beth mit einem Ausdruck tiefen Bedauerns an. »Ich fürchte, das Ganze war ein Fehlalarm.« Sie wandte sich Richard zu. »Hysterische Schwangerschaft; und das nicht zum ersten Mal, sagte mir der Tierarzt. Es tut mir schrecklich leid, meine Süßen, aber es gibt diesmal keine Babys. Die Arme *dachte* nur, sie wäre trächtig, ihr armer alter Körper *dachte* es, aber sie war es nicht. Sie ist nur dick geworden.« Beth begann zu weinen, dicke zähe Kullertränen der Enttäuschung.

Wenn es bei mir nur auch so wäre, dachte Sarah zynisch. Wenn doch mein Zustand auch nur auf Hysterie zurückzuführen wäre und nicht auf lose Sitten, wenn doch ich bloß keine Wahl hätte, wenn ich bloß nicht fünfunddreißig Jahre alt und sieben Wochen schwanger wäre. Ich kann mir Schöneres vorstellen, als an Weihnachten über den günstigsten Zeitpunkt für eine Abtreibung nachzudenken, aber schließlich konnte ich Weihnachten sowieso nie ausstehen.

Die Hündin gab Pfote, plötzlich versöhnt, nun, da ein warmer Kinderkörper sich gegen ihre bebende Flanke drückte. Dad pochte mit seinem Stock. Er verlangte gebieterisch nach einer Schere für seine Sandwiches und verschlang mit Heißhunger die Happen, die Fiona ihm kommentarlos und ohne eine Spur Herablassung kleinschnitt, während er ihr unverwandt ins schöne, unbewegte Gesicht sah. Ja, dachte Sarah, du bist umwerfend. Mary hatte die Augen wieder geschlossen. Ihre Kinder und ihre Schwester hingen wie die Kletten aneinander, als hätte Sarah sie alle irgendwie an sich gezogen. Seltsam, daß kleine Mädchen und Jungen sich, Katzen gleich, oft gerade der Person anschlossen, die nicht zu ihnen gehörte und die sie vielleicht von allen am wenigsten mochte. Es war also Sarah, die die Kinder ins Bett brachte, bald nachdem der Großvater sich widerstandslos hatte abführen lassen, als wollte er tapfer vorangehen. Die Brüder hatten längst die nächste Flasche geköpft, als Mary sich mit dem Säugling in einen gierigen Schlaf davonstahl, außerstande, auch nur die elementarsten Regeln des Anstands zu wahren.

Das häßliche Haus war ungewöhnlich still, abgesehen von den Rohren; die Kinder flüsterten. Sie müßten aufgeregter sein, fand Sarah, plötzlich um Kinderträume besorgt. Sie müßten sich in diesem halb-überdrehten Zustand befinden, der dem Weihnachtsmorgen vorausging, so wie ich auch, früher mal, und deshalb ertappte sie sich – entgegen der Stimme der Vernunft, die ihr zuflüsterte, gedämpftes Kinderverhalten sei doch nur zu begrüßen – bei dem Versuch, etwas von dem alten und unartigen Fieber zu entfachen.

»Was bringt euch denn der Weihnachtsmann? Kriegt er das auch alles durch den Schornstein?«

»Mir sollte er ein Hundebaby bringen«, sagte Beth böse. Das wäre deiner Mammi aber ganz neu, dachte Sarah hellsichtig, und das wäre bestimmt das letzte, was ihr über die Schwelle eurer bescheidenen Hütte käme. Beth schielte zu ihr hin, dann schnell wieder weg, als Ehrlichkeit die Oberhand gewann.

»Soll ich dir was sagen? Mir egal. Ich wollte ein Hundebaby *sehen*. Nur *sehen*. Großvater hat gesagt, hat gesagt ... am Telefon hat er gesagt, es wär' die letzte Chance für sein' Hund. Aber Fiona sagt, da ist nichts. Keine Babys.«

»Hunde haben viele Chancen. Wie die Menschen.«

»Nein, haben sie nicht. Ich glaub' nicht; Großvater hat es gesagt. Spielst du morgen mit mir? Ja? Ja? Großvater hat immer Stöckchen geworfen für sein' Hund, in den See, das kannst du doch auch machen, oder? Machst du das? Ja?«

Sarah fand die Vorstellung grauenhaft.

»Pscht. Still jetzt. Pscht. Alle sind müde. Pscht ...« Sie wußte: Mit dieser billigen Ausflucht durfte man ihnen am allerwenigsten kommen; sie hielt sich für ungeschickt im Umgang mit Kindern, gab aber nicht auf, bis sie sich auf Zehenspitzen davonstehlen konnte.

Sie zögerte. Unter Großvaters Türspalt schimmerte Licht, und obwohl sie ihn kaum kannte, schien es ihr der Höflichkeit halber geboten, dem Hausherrn dieses gräßlichen Hauses gute Nacht zu wünschen. Der Alte lag in Embryohaltung auf der Seite, eine Hand nach der Nachttischlampe und einem Buch ausgestreckt, das eigentlich für seine Finger unerreichbar weit weg lag, aber in Wirklichkeit, dachte Sarah unangenehm von Mitleid berührt, konnte er vielleicht gar nicht mehr lesen. Das Ganze hatte etwas von einem Bühnenbild: das Licht, das Buch, seine propre Gepflegtheit – Beleg für Fionas Tüchtigkeit. Die Lampe wirkte brandneu, wie gegen eine alte ausgetauscht, und das, obwohl der Großvater ihrem Eindruck nach zum Typ Mann gehörte, der sich mit Täuschereien schwer abfand. Er wandte das Gesicht zur Tür, als sie eintrat, und plötzlich erkannte sie den klaren, gegenwärtigen Ausdruck in seinen blauen Augen wieder, den sie schon mal gesehen hatte, verzerrt durch die Bleiglasscheibe.

»So tun Sie doch etwas!« fauchte er. »Sie wird ihn verschlingen. Tun Sie was!«

Sarah wand sich vor Peinlichkeit. Sie zupfte seine Decke zurecht, lächelte gewinnend, so wie es ihrer Vorstellung nach Fiona getan hätte, zog die Nachttischlampe dichter zu ihm heran, lehnte den ständig außer Reichweite stehenden Stock griffbereit hin und lauschte dabei der ausgelassenen Heiterkeit von unten, die sie dahin rief, wo sie eigentlich hingehörte: unter Erwachsene, nicht zu einem kapriziösen Alten, nicht zu endlos fordernden Kindern. Das war noch nie ihre Welt gewesen.

»Soll ich das Licht ausknipsen?«

Er hielt ihr zwei erhobene Finger hin – ein obzöner gestischer Bruch mit seiner frischgebügelten Zerbrechlichkeit. Altes Ekel, dachte Sarah und trat den geordneten Rückzug an. Der Alkohol rief, ebenso erwachsene Unterhaltung; so sehr Eindringling war sie doch wohl auch wieder nicht, daß sie sich Unverschämtheiten bieten lassen mußte. Aber sie hätte es ahnen müssen; auch unten blieb ihr nichts erspart. In trauter Familienrunde gab es nur ein Gesprächsthema: die Jungen und die Alten, die Jahreszeit war nun einmal danach.

»Euer Dad kommt einfach nicht mehr klar«, sagte Fiona sanft. Wie eine ruhende Löwin lag sie quer über Richards Knie. »Er will es nicht wahrhaben, aber er schafft es nicht.« Richard sträubte sich. »Ich könnte ihm ein Mobiltelefon besorgen«, bemerkte er unsinnigerweise. »Wir könnten jemanden einstellen, der sich um das arme Tier kümmert. Wie konnte er sie bloß so verfetten lassen?« In einer einzigen fließenden Bewegung verlagerte Fiona sich so, daß jetzt er in ihrem Schoß lag und sie die Hände frei hatte, um zu gestikulieren und ihm übers Haar zu streichen. »Aber er wird nie ins Heim kommen, nicht wahr, Schatz?« murmelte sie beschwichtigend. »*Wir* könnten den Hund übernehmen. Das würde dir doch gefallen, oder?« Richard nickte.

Jonathan dachte daran, wie sehr er dem ehemaligen Zuhause entwachsen war, entrückt in andere Prioritäten, dankbar, daß irgendwer Dad die Entscheidungen abnahm, zu denen er nicht mehr fähig war, auch wenn er sich immer noch sorgte, soweit ihm das in seinem halbtrunkenen Zustand und im Bann der langen, geschmeidigen Glieder Fionas möglich war. »Ich denke, daß wir uns vorerst einfach verstärkt kümmern sollten«, fuhr Fiona fort. »Ich weiß, daß es für Mary schwierig ist, mit den Kindern und so, aber ich könnte ja öfter herfahren. Oder, weißt du, eigentlich könnten wir auch herziehen, wenn wir erst verheiratet sind ...« Sie zog Richard neckisch am Ohr; fast sah es aus, als wollte er den Hals recken, damit sie ihm das Kinn kraulen könnte. Mit der freien Hand griff sie nach dem Hund.

»Ja«, sagte Jonathan. Schon die bloße Andeutung halb so befriedigender Lösungen war ungemein erleichternd. »Ja.« Seit der Geburt seiner Kinder fühlte auch er sich alt.

Sarah nickte nur und lächelte. Ihre Ansicht war nicht gefragt. Sie als einzige hatte genügend Abstand, um einfach beobachten zu können. Also beobachtete sie.

Kein Schnee am Weihnachtsmorgen. Milchiger Dunst zerfloß an den Fensterscheiben, Vorspiel zu einem halbherzigen Tageslicht, billiger Trost für Gefangene hinter Mauern, der glauben machen wollte, draußen gebe es nichts zu versäumen. Es war wärmer jetzt, wo der Boiler rumpelnd in Gang kam und die Eisblumen von Sarahs Fenster taute. Um sieben in der Früh hatte Beth das erste Stück Schokolade angeboten, um acht war Sarah aufgestanden und auf den Weihnachtsbaum zugewankt wie eine Pilgerin ungewissen Glaubens. Der Alte saß in seinem Sessel, aufs Geratewohl gekleidet, und grinste das festgefrorene Grinsen eines ewig fröhlichen Gartenzwergs.

»Bin allein zurechtgekommen. Kinderspiel, wenn ich meinen Stock zur Hand habe. Was zum Teufel glaubt sie eigentlich, was ich sonst tue?« Und dann, abwesend: »Ich bin nicht verrückt, wissen Sie. Ich lass' es mir nicht anmerken, aber ich bin nicht verrückt. Es *macht* mich bloß verrückt, mitansehen zu müssen, wie taub und blind meine Söhne sind ... nach allem, was ich ihnen beigebracht habe. Glauben Sie mir. Sie wollten mir nicht glauben, stimmt's? Tun die auch nicht.«

»Wann meinen Sie?«

Er schien in sich zusammenzusacken, raffte sich aber noch einmal auf und murmelte: »Richard war mir immer der Liebste. Ist das so schlimm?«

»Nein. Wir alle ziehen jemanden vor. Es ist nicht verboten.«

»Und deshalb muß er unbedingt wissen, daß sie versucht ...« Seine Worte verschleiften sich zu einem Nuscheln; die Hündin kam ins Zimmer getappt. Der Alte streckte beschützend die Hand nach ihr aus und kraulte ihr, als sie ihm den schweren gelben Kopf wie Blei in den Schoß legte, den Hals. Speichelfäden fielen auf Hundeohren. Großvater verzog das Gesicht zu einem dümmlichen Grinsen. »Sie versucht, mich ab-... zu-... küssen!« Dröhnend wiederholte er, während er die andere Hand zu einem spöttischen Salut hob: »Ja, sie küßt gern!«

»Was sind das für Dummheiten«, erklang Fionas Stimme milde tadelnd von der Türschwelle. Sie sah blendend aus, in ihrem Gesicht nicht die Spur Müdigkeit. »Sarah, ob du wohl so lieb wärst und mir beim Kartoffelschälen hilfst, bevor es hier drunter und drüber geht? Danach können wir es uns dann gemütlich machen.« Sarah folgte ihr. Sie blickte einmal kurz über die Schulter zurück. Großvaters Gesicht hatte sich dunkel verfärbt.

»Morgens ist er besser beieinander«, verriet ihr Fiona. »Aber was er für ein Zeug faselt!«

»Immer wieder mal?«

Fionas Antwort klang traurig. »Nein. Richard mag ich es gar nicht sagen: immer.«

Keiner hört auf die Alten, überlegte Sarah, als sich alle dem Festtagsregiment unterwarfen. Denn natürlich gab es einen vorgeschriebenen Ablauf: kein Frühstück für die über Zehnjährigen, nur starken Kaffee, damit den Erwachsenen so richtig das Wasser im Mund zusammenlief bis zum Mittagessen, vor dem auch das Geschenkeauspacken auf dem Programm stand. Das also war es, was Familien taten, dachte Sarah. Sie überhäuften sich mit Geschenken, hatten es vielleicht immer getan, aber jetzt erschien ihr das schrecklich vulgär. Mary und Jonathan tauschten Bücher und Platten und Küßchen auf die Wange und wandten sich dann den Freuden ihrer Kinder zu. Sarah ließ sich Zeit mit dem Öffnen ihrer kleinen Anstandsgeschenke, kostete es aus, bedankte sich artig, verteilte die ihren und half dann einem lustlosen Großvater, einen Pullover, ein Hemd, eine Krawatte, eine Uhr, allesamt mit unterschiedslosem Desinteresse, auszupacken, während die Kinder wie wilde Tiere über ihre Pakete herfielen. Aber auch sie waren längst fertig, ehe Richard und Fiona aufgehört hatten, sich ein kunstvoll verpacktes Geschenk nach dem anderen zu überreichen. Oh, Schatz, das wäre aber nicht nötig gewesen! Ein Seidenkleid! Liebster! Es gab eine schmucke Wildlederjacke, schmiegsam wie das Gewand, das er ihr ausgesucht hatte, dann mehr und immer mehr, bis das ganze Zimmer in ihrem Luxus erstrahlte. Mary hatte eine leicht pikierte Miene aufgesetzt, um Richard klarzumachen, daß er seine Nichten vergessen zu haben schien. Es dauerte, bis er wieder auf dem Teppich war.

»Oh! Ich hab' da noch was für die Kinder!«

Beth horchte auf, unterdrückte aber jede freudige Regung, als Fiona ihr ein Päckchen überreichte. Es enthielt ein Mobiltelefon.

»Ach«, meinte Jonathan unsicher.

»Und für Sylvie auch eines«, verriet Richard freudestrahlend. »Ich kriege ja Rabatt. Sie können sie gleich im Garten ausprobieren.«

»Schrott«, sagte Großvater unvermittelt, aber unmißverständlich. »So ein Schrott.«

»In einer Stunde gibt's Essen«, verkündete Fiona mun-
ter und begann, Papier aufzusammeln. »Lohnt sich's da
überhaupt noch rauszugehen?«

»Doch unbedingt«, sagte Sarah, die glaubte zu erstik-
ken – an der Enge, der Hitze, dem Geschenkpapier.
»Nicht wahr? Komm, Sylvie, wir nehmen ein Telefon mit
und rufen Großvater an.«

»Wenn ihr meint«, sagte Fiona. »Aber paßt gut auf, ja?
Es sind teure Geräte. Ich würde an eurer Stelle oben im
Garten bleiben. Nein, laßt den Hund hier. Ich war schon
mit ihr draußen.«

Die Bedenken weckten Beths Widerspruchsgeist. Wo
sie schon drauf und dran gewesen war, mit der Quengelei
zu beginnen und nach Fernsehen, mehr Schokolade,
mehr Zuwendung zu betteln, gab sie jetzt ihrer Schwester
einen Schubs, schrie dann nach Mantel und Schuhen und
stampfte ungeduldig auf. Mary warf Sarah einen zutiefst
dankbaren Blick zu, hielt die Hintertür für sie auf und
winkte ihnen nach. Draußen lichteten sich Nebel und
Stimmung. Beth tobte unter Kriegsgeheul den sanft abfal-
lenden, verwahrlosten Garten hinab, das Mobiltelefon
wie einen Balancierstab am ausgestreckten Arm. »I!«
kreischte sie, wich den Fangarmen eines tropfnassen Bu-
sches aus und war unter lautem Gebrüll verschwunden.
Erschrocken setzte ihr Sarah nach, den mythischen See
vor Augen und die unberechenbare Laune des Kindes,
getrieben von Angst und Groll. Sie wollte nicht für Kinder verantwortlich sein, es waren nicht ihre; sie verabscheute diesen Ort, verabscheute den süßlichen Duft par-
fümierter Seife auf dem Wohnzimmerfußboden, in dem
sich ihr bescheidener Wert bemaß, verabscheute die Aussicht auf gefährliche Wasser, dick mit Eis überzogen wie
der nasse Rasen und ihre Stimmung. Mit vor der Brust
verschränkten Armen tauchte sie durch eine Lücke in der
Hecke und schickte den Kindern ein panisches: »War-

tet!« hinterher; die Angst machte ihr Beine, verschlug ihr den Atem: »Wartet auf mich!«

Es bestand kein wirklicher Grund zur Sorge. Für die Kinder war der See beängstigend weit, sie stiegen mit einem Heidenrespekt die Böschung hinab und stupsten die knirschende Eiskante mit den fühllosen Spitzen ihrer Gummistiefel. Beide hatten sich etwas beruhigt, schmollten mit den Füßen, weil sie nicht weiterkonnten und sich nicht aufs Eis wagten. Für Sarah war der eklige Tümpel wie das Überbleibsel einer eben erfolglos abgebrochenen Ausgrabung, lachhaft, eine Pfütze, wie kalt und tief sie auch sein mochte. Ein kümmerlicher, verkrauteter Teich ohne jede Romantik, von Abfällen gesäumt. Sie schämte sich, weil sie ein Hohnlachen unterdrücken mußte, sie wollte den beiden die schlichte Freude zurückerobern, die im Haus zu verdörren schien, wollte es verzweifelt, verspürte denselben drängenden Wunsch, juchzende kindliche Ausgelassenheit zu wecken, wie am Abend zuvor. »Kommt, wir zertrümmern das Eis!« rief sie. »Los, holt Steine. Wir kriegen es schon kaputt!«

Die Eisschicht, die sich gebildet hatte, ließ am Ufer einen schmalen Lehmstreifen frei, wirkte dick und doch bedenklich unsicher, wurde zu etwas, was es zu bezwingen galt. Sylvie warf einen Ast, den sie angeschleift hatte, und sah zu, wie er übers Eis schlidderte. Beth warf mit wachsender Wut und immer spitzeren Schreien Erdklumpen. Dann entdeckte Sarah ein Stück Metall, das zwar schön schepperte, aber auch wegrutschte, und schließlich einen großen Stein, den sie kaum hochheben konnte. Beth packte mit an; die gemeinsame Anstrengung endete darin, daß sie ihn eher fallen ließen als warfen, sie sahen ihn schwerfällig die Böschung hinunterrollen, den letzten Meter springen und ein Loch in den Eisrand schlagen. Wasser rülpste hoch, Blasen stiegen auf.

»Hurra! Hurra!« brüllte Beth.

»Ich hasse Fiona!« kreischte Sylvie. Von beiden war sie bisher die stillere gewesen, die weniger ungezogene, und deshalb reagierte Sarah nicht schnell genug, überrascht von der blitzschnellen Bewegung und ihren Worten. Sie rührte keinen Finger, als Sylvie das beiseite gelegte Telefon packte und aufs Loch zuwarf. »Halt!« schrie Sarah weit schriller als zuvor das Kind, aber zu spät. Sylvie hatte schlecht gezielt, das Telefon schlidderte übers Eis und blieb einen Meter vom Loch entfernt liegen. Sie begann zu weinen. O nein, bitte nicht, dachte Sarah. Ich wollte euch beide doch nur glücklich sehen, es ließ sich doch so gut an.

»Heulsuse«, sagte sie streng. »Brauchst nicht zu heulen, wir holen es wieder.« Keiner sprach es aus, aber instinktiv wußten sie alle drei, daß Fionas Zorn fürchterlich wäre. Kein anderer Gedanke hatte mehr Platz; Sarah war sich bewußt, daß absolut kein Grund bestand, so zu denken, aber sie dachten trotzdem so, also stolperte sie die Böschung hinunter und blieb im seichten Wasser am Rand stehen, machte daraus ein Spiel, tat so, als sei alles ein großer Spaß. Dicht am Ufer bestand keine Gefahr – bis sie auf ihre Füße hinabblickte. Ein Stück Sackleinen trieb an der Wasseroberfläche und darin eine tote rosa Schnauze. Ein gelbrosa Körper, aufgedunsen, kläglich, dann ein zweiter. Tote Welpen. Ein ganzer Wurf ersäufter Welpen, letzte Chance des Beinahe-Labradors.

Rasch hockte sich Sarah auf die vor Kälte tauben Fersen, verdeckte das Sackleinen, redete mit falscher Munterkeit über ihre Schulter hinweg auf die Kinder ein, um die Wellen eiskalter Wut, die in ihr aufstiegen, zu überspielen.

»Hört mal«, sagte sie. »Ich habe eine Idee. Auf mich kann Tante Fiona schlecht böse werden, stimmt's? Ich bin zu Gast, und ich bin eine Erwachsene, und mir kann es egal sein. Kapiert?« Sie nickten wie zwei weise Eulen. »Also, dann geht ihr jetzt wieder zum Haus hoch und sagt ihr, daß ich das Telefon hatte und daß es mir aufs Eis gefallen ist. Sagt ihr, Onkel Richard soll es nicht wissen, damit er sich nicht aufregt. Lockt sie in die Küche, tut ganz geheimnisvoll, ja? Und bittet sie, mit einem Besen oder so etwas herunterzukommen, damit ich es an Land ziehen kann. Und bleibt ihr ruhig gleich oben, hier draußen ist es zu kalt.«

Immer noch nickten sie. Sylvie öffnete den Mund, doch Beth packte sie am Arm, und dann stoben sie davon; im Laufen studierten sie schon ihren Text ein. Sarah wartete. Sie fischte einen der toten Welpen aus dem Wasser, die Berührung ekelte sie, aber sie konnte nicht anders, als ihn sich auf die Hand zu legen, ihm das Wasser von den blinden Augen zu wischen und den weichen, faltigen Hals zu betasten. Dann zog sie den Sack mit dem Rest heraus und warf kurz einen Blick hinein. Die anderen sechs lagen zusammengerollt beieinander. Sie verspürte einen stechenden Schmerz im Unterleib, das Herz flatterte ihr in der Brust. Der Stein war zu schwer gewesen. Ihr war übel, aber sie wußte, daß sie nicht lange würde warten müssen. Und bald hörte sie auch schon Fiona den Hang hinabkeuchen, und dann erschien sie, gestiefelt und gespornt und mit einem Schrubber bewaffnet.

»Das Telefon!« rief Fiona. »Wie konntest du nur? Sie sind Richards ein und alles!«

Sie wird ihn verschlingen, dachte Sarah bloß, und sie sah im Geiste die Wachheit des Alten, die sie alle wegen seiner Altersschwäche verkannten. Sie wird sie alle verschlingen, sie küßt gern. Sarah war halb die Böschung hinaufgekrabbelt, auf eine Hand gestützt, mit der anderen den wassertriefenden Sack hinter sich her schleifend. Fiona sah es und erstarrte.

»Wie viele hat das arme Tier denn geworfen? Wie lästig für dich!« Sarah gab sich Mühe, gelassen und verständnisvoll zu klingen. Fiona tat, als habe sie nicht gehört, dann lenkte sie ein, durch die Anteilnahme in der Stimme der anderen zu Vertraulichkeiten verführt.

»Ja, war ärgerlich. Gleich am Tag meiner Ankunft, stell dir vor! Er schafft es ja doch nicht mehr, verstehst du.

Und Richard hätte sie behalten wollen. Grauenhafte Vorstellung. Du verstehst schon.«

»Ja, ich verstehe. Na ja, das Telefon ist ja auch wichtiger, nicht?«

»Natürlich ist es das.«

»Willst du vielleicht versuchen, es zu retten? Ich habe schon Füße wie Eisklumpen.«

»Ja, laß mich nur machen.«

Unschlagbar tüchtige Fiona. Sarah hockte sich nieder, ihr blieb die Luft weg vor Schmerzen, Schmerzen, die weit schlimmer waren als die Übelkeit auf dem Bahnhofsplatz abends zuvor, sie hielt sich den Leib dort, wo die Krämpfe am ärgsten waren, den Sackvoll Wasserleichen neben sich. Sie kämpfte mit den Tränen, betete wirr für den unsichtbaren Embryo, der in ihr wuchs. Nein, nein: Wie teuer auch immer ich bezahlen muß, bitte stirb nicht! Ich will, daß du lebst, ja, das will ich, und wenn ich durch die Hölle gehen muß, stirb mir jetzt nicht! Letzte Chance hin oder her, ich will dieses Kind! Benommen, benebelt, wie ein in Bernstein eingeschlossenes Insekt mit weitaufgerissenen Augen, sah sie Fiona knietief ins kalte Wasser waten und nach dem Telefon hangeln, das wie ein grausiger Talisman auf der Eisdecke lag. Vor Anstrengung grunzend beugte sich die schlanke Gestalt der Verlobten weit vor, um den Schrubber übers Eis zu ziehen. Sarah sah Fiona im Lehm, der glatt war von den Spuren ihres Besuchs am Vortag, als das Eis erst papierdünn gewesen war, ausrutschen, sah Fiona mit den Füßen verzweifelt nach Halt scharren, vor Schreck nach Luft schnappen, sah sie bis zur Taille unters Eis gleiten. Die halbe Böschung stürzte schmatzend hinter ihr ein und hinterließ einen Krater. In ihrem Rücken brach das Eis weg, sie versank tiefer, schrie gellend um Hilfe, und einen langen Augenblick war Sarah in Versuchung, aber das verflog. Die Schmerzen waren zu schlimm, es stand zuviel auf dem Spiel, um sich ein glitschiges Steilufer hinunter und dem tiefen, kalten Wasser entgegenzuwerfen; lossprinten und Hilfe holen konnte sie erst recht nicht. Also blieb sie hocken und überlegte, wie sie ihre letzten Kraftreserven mobilisieren könnte, um die Welpen zu verscharren, damit die Kinder sie nicht sahen. Rührte sich nicht vom Fleck, erfüllt vom überwältigenden Wunsch, ihr eigenes Kind zu retten, und einer sehr dumpfen Ahnung, daß ein solches Ende für eine Frau wie Fiona besser sei. Besser für alle, auf Dauer. Im selben Moment, da sie es dachte, begriff sie, daß eine Frau wie sie selbst ein ganz klein wenig verrückt war, wußte aber auch, daß sie es nie so recht bereuen könnte, würde. Es war ja nicht so, als hätte sie sich rühren können. Ob sie Jonathan von dem Wurf erzählen sollte? fragte sie sich. Wahrscheinlich nicht.

Noch ehe der nächste Strom an die Oberfläche perlender Luftblasen abgerissen war, richtete sich Sarah auf. Sie ging ums Haus herum zum gewaltigen Terrakottatopf, der ihr am Abend zuvor aufgefallen war. Der klirrende kleine Strauch ließ sich mühelos herausheben, und sie schob den Sack tief in die weiche Komposterde, setzte den Strauch sorgfältig wieder ein, kehrte ans Ende des Rasens hinterm Haus zurück und steuerte auf die Küchentür zu.

»Wo steckt denn Fiona?« fragte Richard scharf.

»Wie? Ist sie noch nicht da? Als ich sie zuletzt sah, versuchte sie, das Telefon aus dem See zu fischen. Ich bin ein Stück die Straße entlangspaziert. Ist es nicht erstaunlich, wie sich die Häuser alle gleichen und doch so verschieden sind? Was ist denn los? ... Sie hat gemeint, sie gibt der Sache fünf Minuten. Ist sie noch nicht wieder zurück? Mag sie die Kälte?«

Er stürzte aus dem Haus. Sarah wusch sich die Hände und ging ins Wohnzimmer, wo der Großvater noch genauso dasaß wie vorher, den Kopf der Hündin auf dem Schoß. Jonathan hockte auf dem Fußboden, neben seiner plötzlich – kaum daß es darum ging, ein Spiel für die Kinder aufzubauen – lebhaften Frau; vier zusammenge-

steckte Köpfe, abgesehen von dem Baby in seiner Trage-
tasche, das Sarah auch keines Blickes würdigte. Die Stimmung schien mit einem Mal heller und fröhlicher, als
wäre ein Stein beiseite gewälzt und Licht in eine Höhle
gelassen worden. Sarah kniete sich neben den alten Mann
und staunte, als die Hündin sich zu Boden sinken ließ
und den Kopf vertrauensvoll in ihren Schoß umbettete.
Der Großvater sah es ebenfalls, und seine Kreppapier-
finger begannen zwischen ihren zu zittern.

»Haben Sie Vertrauen«, sagte sie.

»Du wirst noch ein nettes Junges kriegen«, bemerkte
er, »eines Tages?«

Sarah war sich nicht sicher, ob er mit ihr sprach oder
mit der Hündin. Oder ob es überhaupt eine Rolle spielte.

Der Weihnachtsbaum funkelte. »Ob's wohl noch
schneit?« fragte Mary. »Ob's noch schneit?«

»Wie lange?« sang eines der Kinder. »Wie lange, wie
lange, wie lange? Für immer?«

Sarah schwieg seltsam zufrieden. Weihnachten würde
nie mehr das sein, was es mal war.

STEPHEN KING

# Die letzte Sprosse

Gestern bekam ich Katrinas Brief, keine Woche nachdem mein Vater und ich aus Los Angeles zurück sind. Er war nach Wilmington, Delaware, adressiert, und seit damals bin ich zweimal umgezogen. Die Leute ziehen heutzutage so viel um, und es ist komisch, aber diese durchgestrichenen Adressen und die Empfänger-verzogen-Aufkleber können manchmal wirklich wie Anklagen aussehen. Ihr Brief war zerknittert und schmutzig, und eine der Ecken mußte irgendwo auf dem Weg geknickt worden sein. Ich las ihn, und das nächste, was ich weiß, ist, daß ich neben dem Telefon im Wohnzimmer stand, den Hörer in der Hand, und Dad anrufen wollte. Doch dann legte ich den Hörer entsetzt wieder auf die Gabel. Er war ein alter Mann und hatte schon zwei Herzanfälle hinter sich. Ich wollte ihn doch nicht im Ernst anrufen und ihm von Katrinas Brief erzählen, so kurz nachdem wir aus Los Angeles zurück waren? Das hätte seinen Tod bedeuten können.

Ich rief ihn also nicht an. Und es gab niemanden, dem ich es hätte erzählen können ... so etwas wie dieser Brief ist so persönlich, daß man höchstens mit seiner Frau oder einem sehr engen Freund darüber sprechen kann. Richtig enge Freunde habe ich hier eigentlich nicht, und meine Frau Helen und ich haben uns 1971 scheiden lassen. Der einzige Kontakt, den wir noch haben, sind die Karten zu Weihnachten. Wie geht es dir? Was macht die Arbeit? Ein frohes Neues Jahr.

Ich habe die ganze Nacht wachgelegen und über Katrinas Brief nachgedacht. Sie hätte es auch auf einer Postkarte schreiben können. Es stand nur ein einziger Satz unter der Anrede »Lieber Larry«. Aber ein Satz kann sehr viel aussagen. Und er kann sehr viel bewirken.

Ich sehe Dad noch im Flugzeug vor mir, sein Gesicht wirkte alt und müde im harten Sonnenlicht von 18 000 Fuß Höhe, als wir von New York aus nach Westen flogen. Wir hatten gerade Omaha hinter uns gelassen, wie uns der Pilot erklärte, und Dad meinte: »Es ist viel weiter, als es aussieht, Larry.« In seiner Stimme lag eine tiefe Traurigkeit, die mich unsicher machte, weil ich es nicht verstehen konnte. Ich verstand es, nachdem ich Katrinas Brief bekam.

Wir wuchsen in einer Stadt namens Hemingford Home achtzig Meilen westlich von Omaha auf – wir, das waren mein Dad, meine Mom, meine Schwester Katrina und ich. Ich war zwei Jahre älter als Katrina, die von allen Kitty gerufen wurde. Sie war ein bildhübsches Kind und später eine bildhübsche Frau – schon mit acht, als diese Sache in der Scheune passierte, konnte man sehen, daß ihr weizenblondes, seidiges Haar nie dunkler werden und ihre Augen immer tiefblau bleiben würden. Ein Blick in diese Augen mußte jeden Mann schwach werden lassen.

Ich glaube, man hätte uns als Bauern bezeichnen können. Mein Dad besaß dreihundert Morgen flaches, fruchtbares Land, auf dem er Korn anbaute und Vieh züchtete. Alle nannten es einfach »Daheim«. Damals waren noch alle Straßen unbefestigt, mit Ausnahme der Highways Interstate 80 und Nebraska Route 96, und eine Fahrt in die Stadt war etwas, worauf man sich schon drei Tage im voraus freute.

Heute bin ich einer der besten freien Rechtsberater in Amerika – so hat man mir jedenfalls gesagt –, und der Ehrlichkeit halber muß ich eingestehen, daß ich glaube, sie haben recht. Der Präsident einer großen Gesellschaft stellte mich einmal seinem Direktorium als seine »beste Kanone« vor. Ich trage teure Anzüge und Schuhe aus feinstem Leder, habe drei vollbeschäftigte Assistenten und kann jederzeit auf ein Dutzend andere zurückgreifen, wenn ich sie brauche. Damals aber ging ich auf einer staubigen Landstraße zu einer Schule mit einem einzigen

Klassenraum, die mit einem Riemen zusammengebunde-
nen Bücher über die Schulter gehängt, und Katrina ging
mit. Manchmal, im Frühjahr, gingen wir barfuß. In jener
Zeit mußte man noch Schuhe an den Füßen haben, wenn
man in einem Restaurant bedient werden oder in einem
Laden einkaufen wollte.

Später starb dann meine Mutter – Katrina und ich be-
suchten zu der Zeit die High School in Columbia City –,
und zwei Jahre darauf verlor mein Vater unser Heim und
fing an, Traktoren zu verkaufen. Es war das Ende unserer
Familie, auch wenn es damals nicht so schlimm aussah.
Dad kam vorwärts in seinem neuen Job, kaufte sich eine
Vertretung und erhielt vor neun Jahren einen Manager-
posten. Ich bekam ein Footballstipendium an der Universität von Nebraska und brachte es fertig, auch noch etwas
anderes zu lernen, als mit einem Ball umzugehen.

Und Katrina? Aber gerade über sie will ich ja erzählen.

Die Sache mit der Scheune passierte an einem Samstag,
Anfang November. In welchem Jahr genau es war, kann
ich wirklich nicht mehr sagen, aber ich weiß, daß Ike
noch Präsident war. Mom war auf einem Basar in Columbia City und Dad zu unserem nächsten Nachbarn
(und der war sieben Meilen entfernt), um ihm bei der
Reparatur eines Heuwenders zu helfen. Es hätte zwar
eigentlich jemand da sein sollen, ein Mann, den Dad eingestellt hatte, aber er tauchte an jenem Tag nicht auf, und
mein Dad feuerte ihn keine vier Wochen später.

Dad hatte mir eine Liste mit Dingen dagelassen, die ich
erledigen sollte (es war auch einiges für Kitty dabei), und
uns gesagt, daß wir nicht eher spielen gehen durften, bis
alles getan war. Doch es dauerte nicht lange. Es war November, und zu dieser Jahreszeit war der kritische Zeitpunkt, an dem sich entschied, ob man das Jahr schaffte
oder nicht, längst vorbei. In jenem Jahr hatten wir es
wieder einmal geschafft. Aber so blieb es nicht immer.

Ich kann mich noch sehr genau an jenen Tag erinnern.
Der Himmel war überzogen, und es war zwar nicht kalt,

aber man konnte spüren, daß es kalt werden *wollte,* daß es endlich richtig Winter mit Eis und Schnee werden wollte. Die Felder waren kahl, die Tiere mürrisch und träge. Überall im Haus schien es komischerweise ein bißchen zu ziehen, was vorher nie der Fall gewesen war.

An einem solchen Tag war der einzige wirklich angenehme Ort die Scheune. Sie war warm und erfüllt vom Geruch nach Heu, Tieren und Mist und dem geheimnisvollen Glucken und Gurren der Rauchschwalben hoch oben auf dem dritten Heuboden. Wenn man sich den Hals verrenkte, konnte man das weiße Novemberlicht sehen, das durch die Ritzen im Dach hereinfiel, und versuchen, seinen Namen zu buchstabieren. Es war ein Spiel, wie man es wirklich nur an trüben Herbsttagen spielen würde.

In der Scheune gab es eine Leiter, die an einen Querbalken hoch oben im dritten Heuboden genagelt war und senkrecht hinunter bis auf den Scheunenboden ging. Es war uns verboten, hinaufzuklettern, weil sie alt und morsch war. Dad hatte Mom schon hundertmal versprochen, sie abzureißen und eine neue aufzustellen, aber irgendwie schien immer etwas anderes dazwischenzukommen, wenn er Zeit gehabt hätte ... zum Beispiel einem Nachbarn bei der Reparatur seines Heuwenders zu helfen. Und der Mann, den Dad eingestellt hatte, gehörte nicht gerade zu den Arbeitswütigen.

Wenn man diese brüchige Leiter hinaufkletterte – sie hatte genau dreiundvierzig Sprossen, Kitty und ich hatten sie oft genug gezählt –, landete man oben auf einem Balken, der zwanzig Meter über dem Scheunenboden lief. Und dann, nachdem man vorsichtig etwa vier Meter über den Balken balanciert war, mit zitternden Knien, knirschenden Knöcheln und trockenem Mund, dann stand man genau über dem Heuhaufen. Und dann konnte man vom Balken hinunterspringen und fiel mit einem Gefühl, als ob man gleich sterben müßte, in einem tollen Senkrechtsturz geradewegs in ein riesiges, üppiges Bett aus weichem Heu. Heu hat einen süßen Duft, und man fiel mitten hinein in diesen Duft des wiedergeborenen Sommers, während der Magen noch irgendwo hoch oben in der Luft hing, und man fühlte sich ... nun, wie Lazarus. Man war gesprungen und hatte überlebt, um darüber berichten zu können.

Natürlich war das Spiel verboten, wegen der Leiter und weil man auf den harten Planken des Scheunenbodens in seinen sicheren Tod gestürzt wäre, wenn man die Balance verloren hätte und vom Balken gefallen wäre, bevor man das sichere Heubett erreicht hatte. Wenn wir dabei erwischt worden wären, hätte meine Mutter Zeter und Mordio geschrien, und mein Vater hätte uns trotz unseres Alters noch die Hosen stramm gezogen.

Aber die Versuchung war einfach zu groß. Sie kennen ja das Sprichwort: Wenn die Katze aus dem Haus ist und so weiter ...

Jener Tag begann wie all die anderen vorher, mit einem herrlichen Gefühl der Angst, in das sich freudige Erwartung mischte. Wir standen am Fuß der Leiter und sahen einander an. Kitty war ganz rot im Gesicht, und ihre Augen waren noch dunkler und glänzender als sonst.

»Du traust dich nicht«, sagte ich.

»Zuerst du«, erwiderte Kitty prompt.

»Mädchen vor Jungen«, kam es sofort von mir zurück.

»Nicht, wenn es gefährlich ist.« Sie schlug geziert die Augen nieder, als ob nicht jeder gewußt hätte, daß sie der zweitgrößte Wildfang in ganz Hemingford war. Aber so machte sie es eben immer. Sie würde hinaufklettern, aber nicht als erste.

»Na schön«, sagte ich. »Dann gehe ich eben zuerst.«

Ich war in jenem Jahr zehn und mit meinen achtzig Pfund so dünn wie ein Strich in der Landschaft. Kitty war acht und fast zwanzig Pfund leichter. Da uns die Leiter bisher jedesmal gehalten hatte, glaubten wir, sie müßte uns immer halten, eine Philosophie, die Menschen und Nationen immer wieder in Schwierigkeiten bringt.

Ihren Trugschluß begann ich an jenem Tag zu erahnen, als ich in der staubigen Scheunenluft immer höher kletterte. Wie immer erlebte ich auf halbem Weg nach oben eine Vision dessen, was mit mir passieren würde, wenn die Leiter plötzlich ihren Geist aufgab. Aber trotzdem stieg ich weiter hinauf, bis ich endlich den Balken umklammern, mich hinaufziehen und hinunterblikken konnte.

Kittys Gesicht, das zu mir hinaufgewandt war, glich einem kleinen weißen Oval. In ihrem ausgebleichten karierten Hemd und der blauen Jeans sah sie aus wie eine Puppe. Über mir, zwischen den staubigen Dachbalken, gurrten die Schwalben leise.

»Hi, da unten!« rief ich wie immer, und meine Stimme schwebte auf winzigen Spreustäubchen zu ihr herunter.

»Hi, da oben!«

Ich stand auf. Schwankte ein bißchen hin und her. Wie immer schienen plötzlich seltsame Strömungen in der Luft zu sein, die es unten nicht gegeben hatte. Ich konnte mein Herz klopfen hören, als ich begann, mich Zentimeter für Zentimeter vorwärtszuarbeiten, die Arme zur Seite ausgestreckt, um besser die Balance halten zu können. Bei diesem Teil des Unternehmens war mir einmal eine Schwalbe dicht am Kopf vorbei getaucht, und als ich ausweichen wollte, hätte ich fast das Gleichgewicht verloren. Seitdem hatte ich Angst davor, daß dies wieder passieren könnte.

Doch diesmal nicht. Endlich stand ich über dem sicheren Heuhaufen. Jetzt war der Blick nach unten weniger angsteinflößend als vielmehr sinnlich. Ich erlebte einen Augenblick freudiger Erwartung, bevor ich ins Leere trat, wobei ich mir wegen des Effekts die Nase zuhielt. Und wie immer, als mich die Schwerkraft so plötzlich ergriff, mich brutal hinunterzog, so daß ich wie ein Stein in die Tiefe stürzte, glaubte ich, schreien zu müssen: *Nein, es tut mir leid, es war verkehrt, ich will wieder hinauf!*

Dann schoß ich auch schon wie ein Projektil in das Heu, das mich mit seinem süßen und staubigen Duft umfing, sank tiefer, als tauchte ich in Wasser ein, bis es endlich vorbei war und ich im Heu begraben war. Wie immer merkte ich, wie es in meiner Nase kitzelte. Und ich hörte, wie ein paar aufgescheuchte Feldmäuse erschrocken das Weite und einen etwas ruhigeren Teil des Heuhaufens suchten. Und fühlte mich auf jene sonderbare Weise wie neugeboren. Ich weiß, daß Kitty mir einmal gesagt hat, daß sie sich nach dem Sprung in das Heu frisch und wie ein neugeborenes Baby fühlte. Damals habe ich nur die Achseln gezuckt – irgendwie wußte ich, was sie meinte, und wußte es doch nicht –, aber seit ich ihren Brief bekommen habe, denke ich auch darüber nach.

Ich kletterte aus dem Heu, fast, als würde ich hindurchschwimmen, bis ich dann auf dem Scheunenboden stand. Ich war überall voll von Heuhalmen, sie steckten in meinem Nacken, klebten auf meiner Hose und den Turnschuhen, und sogar in den Haaren hatte ich Heusamen.

Kitty war inzwischen schon halb die Leiter hinauf, und ihre goldblonden Rattenschwänze hüpften ausgelassen auf ihren Schultern, während sie durch einen staubigen Lichtschacht hinaufkletterte. An anderen Tagen hätte jenes Licht vielleicht genauso geschimmert wie ihre Haare, aber an jenem Tag waren ihre Rattenschwänze ohne Konkurrenz – sie waren bei weitem das Leuchtendste, was es da oben gab.

Ich weiß noch, wie ich dachte, daß die Leiter gefährlich wackelte, und ich fand, daß sie mir noch nie so unsicher vorgekommen war.

Dann stand sie auf dem Balken, hoch über mir – jetzt war ich die Puppe unten, und mein Gesicht war das kleine, weiße, nach oben gerichtete Oval, als ihre Stimme auf den treibenden Spreuteilchen zu mir herunterschwebte, die ich mit meinem Sprung aufgewirbelt hatte:

»Hi, da unten!«

»Hi, da oben!«

Sie balancierte über den Balken, und mein Herz löste sich ein kleines bißchen in meiner Brust, als ich sie in Sicherheit über dem Heu wußte. So war es immer, auch wenn sie sich viel sicherer bewegte als ich ... und viel athletischer war, wenn man das so von seiner Schwester sagen kann.

Sie stand da oben und balancierte auf den Spitzen ihrer alten Turnschuhe, die Hände vor sich ausgestreckt. Und dann tauchte sie. Es gibt eine Menge von Dingen, die man nicht vergessen und die man nicht beschreiben kann. Nun, ich kann es beschreiben ... jedenfalls auf gewisse Weise. Allerdings nicht so, daß ich Ihnen begreiflich machen könnte, wie wundervoll es war, wie perfekt, eins der wenigen Dinge in meinem Leben, die absolut perfekt und vollkommen scheinen. Nein, das kann ich Ihnen nicht beschreiben, denn dazu fehlt mir die Fähigkeit, sowohl mit der Feder wie mit Worten.

Einen Augenblick lang schien sie in der Luft zu hängen, als würde sie von einer jener mysteriösen Strömungen getragen, die es nur oben auf dem dritten Boden gab, eine strahlende Schwalbe mit goldenem Gefieder, wie sie Nebraska noch nie gesehen hatte. Sie war Kitty, meine Schwester, die Arme nach hinten gestreckt und den Rücken gebogen. Wie sehr ich sie diesen Herzschlag lang liebte!

Und dann war sie unten, sank in das Heu und verschwand. Spreu und ihr Kichern stoben aus dem Loch, das sie hinterlassen hatte. Schon hatte ich vergessen, wie morsch und unsicher die Leiter unter ihr ausgesehen hatte, und als sie endlich aus dem Heuhaufen heraus war, war ich schon wieder halb oben.

Ich kann nicht genau sagen, wie lange das Spiel so weiterging, doch als ich irgendwann, zehn oder zwölf Sprünge später, hinaufblickte, sah ich, daß sich das Licht verändert hatte. Bald würden unsere Mom und unser Dad wieder zurück sein, und wir waren über und über voll

Heu ... genausogut wie ein offenes Geständnis. Wir einigten uns darauf, daß wir jeder noch einmal sprangen.

Ich war der erste, und als ich hinaufkletterte, konnte ich – wenn auch nur ganz schwach – das Quietschen der alten Nägel hören, die sich aus dem Holz lösten. Zum erstenmal bekam ich es richtig mit der Angst zu tun, und ich glaube, wenn ich nicht schon so hoch gewesen wäre, dann wäre ich wieder heruntergestiegen, und damit wäre die ganze Sache zu Ende gewesen, aber der Balken war näher und schien sicherer. Bei den letzten drei Sprossen wurde das Quietschen der Nägel lauter, und plötzlich war ich starr vor Angst, in der Gewißheit, daß ich es zu weit getrieben hatte.

Dann fühlte ich den rauhen Balken unter meinen Händen und zog mein Gewicht von der Leiter. Kalter, unangenehmer Schweiß bildete sich zwischen den Heuspelzen auf meiner Stirn. Das Spiel machte auf einmal keinen Spaß mehr.

Hastig balancierte ich zum Heuhaufen hinüber und sprang. Auch das angenehme Gefühl beim Fallen wollte sich nicht mehr einstellen. Auf dem Weg nach unten stellte ich mir vor, wie es wäre, wenn mich statt des weichen Heuhaufens die harten Planken des Scheunenbodens in Empfang nehmen würden.

Als ich aus dem Heu wieder auftauchte, sah ich, wie Kitty schon die Leiter hinaufeilte. »Hey, komm runter!« rief ich ihr nach. »Sie wackelt!«

»Sie hält mich schon!« rief sie zuversichtlich zurück. »Ich bin ja leichter als du!«

»Kitty –«

Weiter kam ich nicht, denn in diesem Augenblick gab die Leiter nach.

Mit einem morschen Krachen brach sie durch. Ich stieß einen Schrei aus, und Kitty begann zu schreien. Sie war ungefähr dort, wo ich zu der Überzeugung gekommen war, daß ich mein Glück zu sehr herausgefordert hatte.

Die Sprosse, auf der sie stand, gab nach, und dann brachen beide Holme. Für einen Moment erinnerte die Leiter unter ihr, die jetzt völlig frei stand, an ein schwerfälliges Insekt – eine Gottesanbeterin oder eine Heuschrecke –, das gerade davonstelzen wollte.

Dann kippte sie um und schlug klatschend auf dem Boden auf. Staub wirbelte auf, und die Kühe muhten verstört. Eine Kuh trat gegen die Tür ihrer Box.

Kitty stieß einen schrillen, durchdringenden Schrei aus. *»Larry! Larry! Hilf mir!«*

Ich wußte, was ich tun mußte, ich sah es sofort. Ich hatte zwar entsetzliche Angst, aber doch nicht so schlimm, daß ich wie erstarrt dagestanden hätte. Kitty hing mehr als sechzehn Meter über mir, die Beine in den Blue Jeans strampelten wild in der Luft, während über ihr die Rauchschwalben gurrten. Ich hatte Angst, große Angst. Wissen Sie, auch heute kann ich noch nicht bei einem Luftakt im Zirkus hinschauen, noch nicht mal im Fernsehen. Dabei wird es mir jedesmal flau im Magen.

Trotzdem wußte ich, was ich zu tun hatte.

»Kitty!« brüllte ich hinauf. »Halt still! *Nicht bewegen!*«

Sie gehorchte augenblicklich. Ihre Beine hörten auf zu strampeln, und sie hing senkrecht herunter, die kleinen Hände um die letzte Sprosse des abgebrochenen Leiterendes geklammert, wie ein Akrobat, dessen Trapez zu schwingen aufgehört hat.

Ich lief hinüber zum Heuhaufen, griff mir einen Armvoll, rannte zurück und warf es hin. Dann rannte ich wieder zurück. Und wieder. Und wieder.

Danach weiß ich nicht mehr viel, außer, daß mir das Heu in der Nase kitzelte und ich anfing zu niesen und nicht mehr aufhören konnte. Ich rannte hin und her und türmte einen Heuhaufen auf, dort, wo der Fuß der Leiter gewesen war. Es war ein sehr kleiner Heuhaufen. Wenn man ihn und dann Kitty so hoch oben sah, kam einem einer dieser Cartoons in den Sinn, in dem jemand aus hundert Meter Höhe in ein Wasserglas springt.

Hin und her. Hin und her.

»Larry, ich kann nicht mehr lange halten!« Ihre Stimme klang schrill und verzweifelt.

»Du mußt, Kitty! Du mußt!«

Hin und her. Heu kratzte in meinem Hemd. Hin und her. Der Heuhaufen ging mir mittlerweile bis zum Kinn, aber der, in den wir gesprungen waren, war sieben Meter tief. Ich überlegte, daß wir noch Glück hatten, wenn sie sich bloß die Beine brach. Und ich wußte, daß es ihren Tod bedeuten würde, wenn sie den Heuhaufen verfehlte. Hin und her.

*»Larry! Die Sprosse! Sie gibt nach!«*

Ich konnte den anhaltenden, knirschenden Schrei der Sprosse hören, die sich unter ihrem Gewicht langsam löste. In Panik fing sie wieder zu strampeln an, aber wenn sie so zappelte, würde sie den Haufen mit Sicherheit verfehlen.

»Nein!« brüllte ich. »Nein! Hör auf! Laß los! Laß los, Kitty!« Es war nämlich zu spät, noch mehr Heu zu holen. Zu spät für alles, außer blind zu hoffen.

Sie ließ sich im selben Augenblick, als ich es ihr sagte, los und fiel pfeilgerade herunter. Mir kam ihr Fall wie eine Ewigkeit vor. Die goldblonden Rattenschwänze standen nach oben ab, ihre Augen waren geschlossen, und ihr Gesicht war totenblaß. Ihre Hände waren vor ihren Lippen gefaltet, als ob sie betete.

Und sie traf den Heuhaufen genau in der Mitte. Sie tauchte hinein und verschwand – und um sie herum wirbelte das Heu auf, als wäre eine Granate eingeschlagen. Dann hörte ich, wie sie auf den Brettern des Scheunenbodens aufschlug. Das Geräusch, ein dumpfer Schlag, jagte mir eine Gänsehaut über den Rücken. Es war zu laut gewesen, viel zu laut. Aber ich mußte mich überzeugen.

Mit aufsteigenden Tränen in den Augen sprang ich in das Heu und begann, es auseinanderzureißen und hinter mich zu werfen. Ein Bein in Blue Jeans kam zum Vorschein, dann ein kariertes Hemd … und endlich Kittys

Gesicht. Es war leichenblaß, und die Augen waren geschlossen. Sie war tot, das wußte ich, als ich sie ansah. Die Welt wurde grau für mich, grau wie ein Novembertag. Das einzige Farbige in dieser Welt waren noch ihre leuchtend goldblonden Rattenschwänze.

Und das tiefe Blau ihrer Iris, als sie die Augen aufschlug.

»Kitty?« fragte ich heiser und ungläubig. Mein Hals kratzte vom Heustaub.

»Larry?« sagte sie verwirrt. »Bin ich noch am Leben?«

Ich half ihr aus dem Heu und drückte sie, und sie legte ihre Arme um meinen Nacken und drückte mich wieder. »Ja, du bist noch am Leben«, antwortete ich. »Du bist noch am Leben.«

Sie hatte sich den linken Knöchel gebrochen, mehr nicht. Als Dr. Pederson, unser Hausarzt aus Columbia City, mit meinem Vater und mir aus dem Haus in die Scheune kam, sah er lange hinauf in die Dunkelheit. Die letzte Sprosse der Leiter hing immer noch, an einem einzigen Nagel, schief dort oben.

Wie ich sagte, Dr. Pederson sah sehr lange hinauf. »Es ist ein Wunder«, sagte er zu meinem Vater und trat verächtlich gegen das Heu, das ich aufgestapelt hatte. Dann ging er hinaus zu seinem staubigen Auto und fuhr davon.

Ich fühlte die Hand meines Vaters auf meiner Schulter. »Wir beide gehen jetzt zum Holzschuppen, Larry«, meinte er ganz ruhig. »Ich nehme an, du kannst dir denken, was dort passiert.«

»Ja, Sir«, flüsterte ich.

»Und bei jedem Schlag, Larry, sollst du Gott danken, daß deine Schwester noch lebt.«

»Ja, Sir.«

Dann gingen wir. Er schlug mich sehr oft, so oft, daß ich hinterher eine Woche lang nur im Stehen und danach noch zwei Wochen lang mit einem Kissen auf meinem Stuhl essen konnte. Und jedesmal, wenn er mich mit seiner großen, roten und schwieligen Hand schlug, dankte ich Gott.

Mit lauter, sehr lauter Stimme. Und bei den letzten zwei oder drei Schlägen war ich ziemlich sicher, daß Er mich hörte.

Kurz vor dem Schlafengehen durfte ich zu ihr. Draußen vor ihrem Fenster saß eine Spottdrossel, das weiß ich noch. Kittys Fuß war ganz verbunden und auf einem kleinen Tischchen hochgelegt.

Sie sah mich so lange und liebevoll an, daß ich verlegen wurde. »Heu«, meinte sie dann. »Du hast Heu hingelegt.«

»Natürlich«, platzte ich heraus. »Was sollte ich sonst machen? Als die Leiter abgebrochen war, konnte ich doch nicht mehr zu dir rauf.«

»Ich wußte nicht, was du unten gemacht hast«, sagte sie.

»Aber das mußt du! Ich war doch direkt unter dir!«

»Ich habe mich nicht getraut, nach unten zu sehen, weil ich solche Angst hatte. Ich habe die ganze Zeit die Augen zugehalten.«

Ich starrte sie an wie vom Donner gerührt.

»Du wußtest es nicht? Du wußtest nicht, was ich da unten machte?«

Sie schüttelte den Kopf.

»Und als ich dir gesagt habe, du sollst loslassen … da hast du es *einfach* getan?«

Sie nickte.

»Wieso, Kitty?«

Sie sah mich aus ihren tiefblauen Augen an.

»Ich wußte, daß du sicher irgend etwas getan hattest, um mir zu helfen. Du bist doch mein großer Bruder. Ich wußte, daß du mir helfen würdest.«

»Oh, Kitty, du weißt nicht, wie knapp es war.«

Ich hatte die Hände vor das Gesicht geschlagen. Kitty setzte sich auf und nahm sie weg. Sie küßte mich auf die Wange. »Nein«, sagte sie. »Aber ich wußte, daß du da unten warst. Himmel, bin ich müde. Bis morgen, Larry. Der Fuß muß in Gips, hat Dr. Pederson gesagt.«

Sie hatte den Gips nicht ganz einen Monat, und alle ihre Klassenkameraden unterschrieben darauf – sogar mich brachte sie dazu, zu unterschreiben. Als er dann abgenommen wurde, war der Zwischenfall in der Scheune damit beendet. Mein Vater ersetzte die Leiter zum dritten Heuboden durch eine neue, starke, aber ich bin nie wieder hinauf auf den Balken geklettert und dann in den Heuhaufen gesprungen, und Kitty auch nicht, soweit ich weiß.

Es war das Ende, und irgendwie doch nicht das Ende. Irgendwie endete die ganze Geschichte erst vor neun Tagen, als Kitty aus dem obersten Stock eines Versicherungsgebäudes sprang. Ich habe den Ausschnitt aus der ›Los Angeles Times‹ in meiner Brieftasche, und ich werde ihn wohl immer bei mir tragen, wenn auch nicht so, wie man Schnappschüsse von Menschen bei sich trägt, die man nicht vergessen will, oder Theaterkarten einer wirklich guten Vorstellung, oder das Programm der Meisterschaftsspiele im Baseball. Ich trage diesen Zeitungsausschnitt so bei mir, wie man etwas Schweres trägt, weil Tragen eine Arbeit ist. Die Überschrift lautet: CALLGIRL SPRINGT IN DEN TOD.

Wir wuchsen heran. Das ist alles, was ich weiß, außer Tatsachen, die nichts bedeuten. Sie sollte auf die Handelsschule in Omaha, doch in jenem Sommer, als sie die High School abschloß, gewann sie einen Schönheitswettbewerb und heiratete einen der Juroren. Es klingt wie ein schäbiger Witz, nicht? Meine Kitty.

Ich war noch auf der Universität und studierte Rechtswissenschaft, als sie sich scheiden ließ. Sie schrieb mir einen langen Brief von zehn Seiten oder noch mehr, in dem sie mir erzählte, wie es gewesen war, wie verkehrt alles gelaufen war, und daß vielleicht alles viel besser gewesen wäre, wenn sie nur ein Kind hätte haben können. Sie fragte mich, ob ich nicht kommen könnte. Aber ich konnte es mir nicht leisten, eine Woche meine Vorlesungen zu verpassen. Studenten der Rechtswissenschaft sind wie Greyhounds. Wenn man erst einmal Blickkontakt mit dem kleinen mechanischen Hasen verloren hat, ist es aus und vorbei.

Sie zog nach Los Angeles und heiratete wieder. Als ihre zweite Ehe zerbrach, war ich mit meinem Studium schon fertig. Sie schrieb mir wieder, diesmal einen kürzeren, verbitterteren Brief. Sie würde sich nie wieder auf dieses Karussell setzen, meinte sie. Die einzige Möglichkeit, den Messingring zu bekommen, sei, daß man dabei vom Pferd fiel und sich den Schädel einschlug. Wenn das der Preis für eine Freifahrt sei, wer würde sie dann schon wollen? PS. Könntest du nicht kommen, Larry? Es ist schon so lange her.

Ich schrieb ihr zurück, daß ich schrecklich gern kommen würde, aber ich könnte nicht. Ich hatte einen Job in einer sehr dynamischen Firma bekommen, ganz unten auf der Hierarchieleiter, wo ich für andere die Arbeit machte. Wenn ich die nächsthöhere Stufe schaffen wollte, dann müßte es noch in diesem Jahr sein, schrieb ich ihr. Das war *mein* langer Brief, und er handelte einzig von meiner Karriere.

Ich beantwortete alle ihre Briefe, aber ich konnte nie so recht glauben, daß es wirklich Kitty war, die sie schrieb, wissen Sie, ähnlich wie ich nie richtig glauben konnte, daß das Heu wirklich da war ... bis es mich am Ende meines Falls auffing und mir das Leben rettete. Ich konnte einfach nicht fassen, daß meine Schwester und die vom Leben enttäuschte Frau, die ihre Briefe mit einem eingekreisten »Kitty« unterschrieb, wirklich ein- und dieselbe Person waren. Meine Schwester war ein kleines Mädchen mit Rattenschwänzen und noch ohne Busen.

Sie war diejenige, die dann mit Schreiben aufhörte. Ich bekam noch Karten zu Weihnachten und zum Geburtstag, die meine Frau für mich erwiderte. Dann ließen wir uns scheiden, ich zog um und vergaß es einfach. An

Weihnachten und meinem Geburtstag darauf erreichten mich die Karten über meine alte Adresse. Die erste. Und ich dachte immer bei mir: Himmel, ich muß Kitty schreiben und ihr sagen, daß ich umgezogen bin. Aber ich tat es dann doch nie.

Doch, wie gesagt, das sind nur Fakten, die nichts bedeuten. Das einzige, was wirklich von Bedeutung ist, das ist, daß wir heranwuchsen und sie von jenem Versicherungsgebäude sprang, und daß Kitty diejenige war, die immer glaubte, daß das Heu dort wäre. Es war Kitty, die gesagt hatte: »Ich wußte, daß du sicher irgend etwas getan hattest, um mir zu helfen.« Diese Dinge sind wichtig. Und Kittys Brief.

Die Leute ziehen heutzutage so viel um, und es ist komisch, aber diese durchgestrichenen Adressen und die Empfänger-verzogen-Aufkleber können manchmal wirklich wie Anklagen aussehen. In der oberen linken Ecke des Briefumschlags stand in Druckschrift ihre Anschrift, die Adresse, wo sie bis zu ihrem Tod gewohnt hatte. Es war ein sehr hübsches Apartmentgebäude. Dad und ich waren dort, um ihre Sachen abzuholen. Die Hauswirtin war nett. Sie hatte Kitty gern gehabt.

Der Brief war zwei Wochen vor ihrem Tod abgestempelt. Er hätte mich schon viel früher erreicht, wenn er nicht zuerst an die alte Adresse gegangen wäre. Sie muß das Warten leid geworden sein.

»Lieber Larry,
ich habe in letzter Zeit sehr viel nachgedacht ... und ich glaube jetzt, daß es besser für mich gewesen wäre, wenn die letzte Sprosse abgerissen wäre, bevor Du das Heu unter mich legen konntest.

Deine Kitty«

Ja, ich glaube, sie muß das Warten leid geworden sein. Jedenfalls ist mir dieser Gedanke lieber als der, daß sie geglaubt haben könnte, ich hätte sie vergessen. Ich hätte nicht gewollt, daß sie das denkt, denn dieser eine Satz war wahrscheinlich das einzige, was mir Beine gemacht hätte.

Aber auch das ist nicht der eigentliche Grund dafür, warum ich jetzt so schlecht einschlafen kann. Wenn ich die Augen schließe und einnicken will, dann sehe ich sie vom dritten Heuboden herunterfallen, die dunkelblauen Augen weit offen, den Körper gebogen und die Arme hoch über ihrem Kopf.

Sie war es, die immer gewußt hatte, daß das Heu da sein würde.

## DAPHNE DU MAURIER
# Fröhliche Weihnachten

Familie Lawrence wohnte in einem großen Haus am
Rande der Stadt. Mr. Lawrence war ein Mann von großer
und kräftiger Statur, auf seinem runden Gesicht lag stets
ein Lächeln. Jeden Tag fuhr er mit seinem Wagen in sein
Stadtbüro, wo er einen mit Rolladen verschließbaren
Schreibtisch und drei Sekretärinnen hatte. Vormittags telefonierte er, danach ging er zu einem Geschäftsessen, um
anschließend wieder zu telefonieren. So verdiente er eine
Menge Geld.

Mrs. Lawrence' Haare waren blond und ihre Augen
blau, wie bei einer Porzellanpuppe. Mr. Lawrence nannte
sie »Kätzchen«, aber sie war kein hilfloses Wesen. Ihre
Figur war makellos und ihre Fingernägel lang, und nach-
mittags spielte sie in der Regel Bridge. Bob Lawrence war
zehn. Er war wie Mr. Lawrence, nur kleiner. Er interessierte sich für elektrische Eisenbahnen, also hatte sein
Vater eine Miniaturbahn im Garten installieren lassen.
Marigold Lawrence war sieben. Sie war wie Mrs. Lawrence, nur runder. Sie hatte fünfzehn Puppen. Irgendwie
blieben sie bei ihr nie lange heil.

Träfe man die Lawrencens zufällig, würde nichts Au-
ßergewöhnliches an ihnen auffallen. Genau das war der
Haken. Sie waren einfach zu sehr wie alle anderen. Für
sie war das Leben bequem und sorgenfrei, was natürlich
sehr angenehm war.

Heiligabend verbrachte Familie Lawrence so wie jede
andere Familie auch. Mr. Lawrence kam früh aus der
Stadt zurück, um dabeizustehen, wenn das ganze Haus
für Weihnachten hergerichtet wurde. Er lächelte mehr
denn je, steckte die Hände in die Hosentaschen und
schimpfte: »Paß doch auf, du Idiot«, als er über den
Hund stolperte, der sich hinter Tannenzweigen versteckt

hielt. Mrs. Lawrence hatte ausnahmsweise auf ihr Bridge verzichtet und hängte Lampions an eine quer durchs Wohnzimmer gespannte Leine. Eigentlich war es der Gärtnerjunge, der die Lampions aufhängte, aber Mrs. Lawrence verzierte sie mit kleinen bunten Papierrüschen und hielt sie ihm hin. Und weil sie dabei unaufhörlich rauchte, stieg dem Gärtnerjungen der Rauch in die Augen. Aber er war zu höflich, um ihn fortzuwedeln. Bob Lawrence und Marigold tollten im Wohnzimmer herum, sprangen auf Sofas und Sessel und schrien: »Was bekomme ich wohl morgen? Eine Eisenbahn? Eine Puppe?« Bis es Mr. Lawrence zu bunt wurde und er sagte: »Wenn ihr nicht mit dem Krach aufhört, bekommt ihr gar nichts.« Aber die Kinder hörten an seiner Stimme, daß er es nicht ernst meinte, und fielen nicht darauf herein.

Gerade als die Kinder ins Bett gehen sollten, wurde Mrs. Lawrence ans Telefon gerufen. »Verdammt!« sagte sie, und dem Gärtnerjungen stieg noch mehr Rauch in die Augen. Mr. Lawrence hob einen Tannenzweig auf und steckte ihn hinter ein Bild. Er pfiff vergnügt vor sich hin.

Mrs. Lawrence blieb fünf Minuten fort, und als sie wiederkam, sprühten ihre blauen Augen, und ihr Haar war zerzaust. Sie sah aus wie ein Kätzchen. Wie eines, das man auf den Arm nimmt, um »miez, miez« zu sagen, und schnell wieder absetzt.

»Das ist aber wirklich zu dumm!« sagte sie, und einen Augenblick lang glaubten die Kinder, sie würde anfangen zu weinen.

»Was zum Teufel ist denn los?« fragte Mr. Lawrence.

»Es war der Flüchtlingskommissar für diesen Bezirk«, sagte Mrs. Lawrence. »Ich habe dir ja erzählt, daß es hier von Flüchtlingen nur so wimmelt. Ich mußte uns auch als mögliche Gastgeber eintragen, als das alles anfing. Ich habe natürlich nicht daran gedacht, daß es ernst werden könnte. Und jetzt ist es soweit. Wir müssen ein Ehepaar aufnehmen – heute nacht.«

133

Mr. Lawrence lächelte nicht mehr. »Hör mal«, sagte er, »der Flüchtlingskommissar kann doch niemand damit überfallen. Warum hast du ihn nicht zum Teufel gewünscht?«

»Habe ich ja«, versetzte Mrs. Lawrence ärgerlich, »und er konnte nur beteuern, es tue ihm leid, aber es wäre für alle dasselbe, in jedem Haus müßten sie es tun, und er sagte was von ›Zwangsmaßnahme‹. Das habe ich zwar nicht verstanden, aber es klang unangenehm.«

»Das können die nicht machen«, sagte Mr. Lawrence, dabei schob er seine Unterlippe vor. »Ich werde einen Vorgesetzten anrufen und dafür sorgen, daß man diesen Kommissar rauswirft, ich fahre persönlich in die Stadt, ich –«

»Ach, was soll das denn nützen?« fragte Mrs. Lawrence. »Wir wollen uns deshalb nicht aufregen. Vergiß nicht, es ist Heiligabend, und jetzt ist niemand mehr in der Stadt. Dieses Pack ist ja sowieso schon unterwegs, und wir können ja nicht einfach unsere Türen verschlossen halten. Ich werde es wohl dem Personal beibringen müssen.«

»Was wollen die Flüchtlinge denn?« riefen die Kinder aufgeregt. »Wollen sie unsere Sachen haben? Wollen sie uns unsere Betten wegnehmen?«

»Natürlich nicht«, sagte Mrs. Lawrence streng. »Redet nicht so dummes Zeug!«

»Wo sollen wir sie unterbringen?« fragte Mr. Lawrence. »Die Dalys und die Collins kommen doch morgen, da sind alle Zimmer besetzt. Du meinst doch nicht, daß wir sie ausladen sollten?«

»Keine Sorge«, sagte Mrs. Lawrence, und ihre blauen Augen funkelten. »Das ist doch wenigstens etwas, daß wir wahrheitsgemäß sagen können, daß das Haus schon voll ist. Nein, die Flüchtlinge können das Zimmer über der Garage haben. Bis jetzt war es ganz trocken, also wird die Feuchtigkeit noch nicht eingedrungen sein. Da steht auch ein Bett, das wir vor zwei Monaten ausrangiert haben – es hat keine Sprungfedern mehr. Aber es ist ganz in Ordnung. Und ich glaube, das Personal hat einen Öl-ofen, der nicht benutzt wird.«

Mr. Lawrence lächelte. »Du hast wohl schon alles orga-nisiert, nicht? Niemand kann es mit dir aufnehmen, Kätzchen. Na ja, solange es uns nicht schadet, ist mir alles gleich.« Erleichtert beugte er sich über Marigold und hob sie hoch. »Wir lassen uns Weihnachten doch nicht ver-derben, was, meine Süße?« fragte er. Und er warf Mari-gold in die Luft, und sie kreischte vor Vergnügen.

»Das ist gemein«, sagte Bob Lawrence, sein rundes Ge-sicht war rot vor Wut. »Marigold ist jünger als ich, und sie will auch so einen großen Strumpf aufhängen wie ich. Ich bin der Älteste, darum muß ich auch den größten Strumpf haben, oder?«

Mr. Lawrence fuhr seinem Sohn mit der Hand durchs Haar. »Trag es wie ein Mann, Bob«, sagte er ruhig. »Är-gere deine Schwester nicht. Morgen habe ich etwas für dich, das ist besser als alle Spielsachen in deinem Strumpf.«

Bob hörte auf zu quengeln. »Ist es was für meine Eisen-bahn?« fragte er aufgeregt. Mr. Lawrence blinzelte ihm zu, ohne zu antworten. Bob hüpfte auf seinem Bett her-um. »Mein Geschenk ist größer als Marigolds«, heulte er triumphierend, »viel, viel größer!«

»Nein, nein, meins ist genauso schön, ja, Dad?«

Mr. Lawrence rief das Kindermädchen. »Beruhigen Sie bitte die Kinder. Ich glaube, sie geraten außer Rand und Band.« Lachend stieg er die Treppe hinab.

Mrs. Lawrence kam ihm auf halber Höhe entgegen. »Sie sind da«, sagte sie. Ihre Stimme klang alarmierend.

»Und?« fragte er.

Sie zuckte mit den Achseln und verzog das Gesicht. »Juden«, sagte sie knapp und ging ins Kinderzimmer.

Mr. Lawrence murmelte etwas, dann zog er seine Kra-watte zurecht und setzte eine Miene auf, die er Flücht-lingen gegenüber für angemessen hielt, halb streng, halb draufgängerisch. Er ging die Garagenauffahrt hinauf und stieg die morsche Treppe hoch.

»Ha, guten Abend!« dröhnte er jovial beim Betreten des Zimmers. »Ist alles in Ordnung?«

Es war ziemlich dunkel im Zimmer, denn auf der Glühbirne lag der Staub mehrerer Monate. Sie hing in einer Ecke, weit weg vom Bett und dem Ofen. Die beiden Flüchtlinge starrten ihn einen Augenblick wortlos an. Die Frau saß am Tisch. Sie packte ein Brot und zwei Tassen aus einem Korb. Der Mann breitete eine Decke über das Bett. Als Mr. Lawrence sprach, richtete er sich auf und wandte sich ihm zu.

»Wir sind so dankbar«, sagte er, »so, so dankbar.«

Mr. Lawrence hüstelte und unterdrückte ein Lachen. »Oh, keine Ursache«, sagte er.

Es waren Juden, keine Frage. Die Nase des Mannes war riesig, er hatte diesen typischen schmutziggelben Teint. Die Frau hatte große dunkle Augen mit tiefen Schatten. Sie sah krank aus.

»Äh – benötigen Sie noch was?« fragte Mr. Lawrence.

Diesesmal antwortete die Frau. Sie schüttelte nur den Kopf. »Wir brauchen nichts«, sagte sie. »Wir sind sehr müde.«

»Überall war es voll«, sagte der Mann. »Niemand konnte uns aufnehmen. Es ist sehr großzügig von Ihnen.«

»Nein, nein«, sagte Mr. Lawrence abwehrend. »Gut, daß wir dieses leere Zimmer hatten. Sie müssen eine schwere Zeit hinter sich haben.«

Darauf entgegneten sie nichts. »Also, wenn ich nichts mehr tun kann, sage ich gute Nacht. Vergessen Sie nicht, den Ofen niedriger zu stellen, falls er raucht. Und – äh – wenn Sie mehr zu essen brauchen oder Decken oder so was, klopfen Sie einfach an die Hintertür und fragen Sie das Hauspersonal. Gute Nacht.«

»Gute Nacht«, kam das Echo, und die Frau fügte noch hinzu: »Und frohe Weihnachten!«

Mr. Lawrence starrte sie an. »Ach ja, natürlich. Vielen Dank.«

Als er zur Haustür zurückging, schlug er seinen Mantelkragen hoch. Es war kalt. Es würde starken Frost geben. Der Dinnergong ertönte gerade, als er den Eingangsflur betrat. Der Gärtnerjunge hatte endlich alle Lampions aufgehängt, und sie baumelten übermütig von der Decke herab. Mrs. Lawrence mixte sich einen Drink am Tisch vor dem Kamin.

»Beeil dich«, rief sie ihm über die Schulter zu, »sonst ist das Essen ruiniert! Wenn ich etwas nicht ausstehen kann, dann ist es lauwarme Ente.«

»Schlafen die Kinder?« fragte Mr. Lawrence.

»Ich glaube nicht«, sagte Mrs. Lawrence. »Es ist schwer, sie Heiligabend zur Ruhe zu bringen. Ich habe ihnen Kakao gebracht und sie ermahnt, ruhig zu sein. Möchtest du einen Drink?«

Später, als sie sich auszogen, steckte Mr. Lawrence seinen Kopf aus dem Umkleidezimmer herein, in der Hand hielt er eine Zahnbürste.

»Komisch«, sagte er. »Die Frau hat mir frohe Weihnachten gewünscht. Ich wußte gar nicht, daß Juden Weihnachten feiern.«

»Wahrscheinlich weiß sie gar nicht, was es bedeutet«, antwortete Mrs. Lawrence, während sie sich Nährcreme in ihre glatten, runden Wangen massierte.

Nach und nach gingen alle Lichter im Haus aus. Familie Lawrence schlief. Draußen leuchteten die Sterne hell am Himmel. Und in dem Zimmer über der Garage brannte ein Licht.


»Mensch, guck mal, ich habe ein Flugzeug und auch noch eine Lokomotive für meine Eisenbahn!« rief Bob. »Guck, sie funktioniert wie eine echte Lok. Sieh mal den Propeller.«

»Habe ich auch zwei Sachen von Dad?« fragte Marigold, während sie fieberhaft in den Bergen von Geschenkpapier auf ihrem Bett herumwühlte. Die große Puppe, die sie gerade erst ausgepackt hatte, warf sie beiseite. Mit hochrotem Kopf schrie sie das Kindermädchen an: »Wo ist mein zweites Geschenk von Dad?«

»Das kommt davon, wenn man so gierig ist«, zog Bob sie auf. »Guck mal, was ich habe.«

»Dein blödes Flugzeug mache ich kaputt«, sagte Marigold. Die Tränen rannen ihr über das Gesicht.

»Weihnachten darf man nicht zanken«, sagte das Kindermädchen. Sie zog triumphierend eine kleine Schachtel aus dem Papierhaufen hervor. »Sieh mal, Marigold, was ist denn das hier?«

Marigold riß das Papier ab. Bald hielt sie eine glitzernde Halskette in den Händen. »Ich bin eine Prinzessin! Ich bin eine Prinzessin!«

»Die ist aber nicht sehr groß!« Bob warf ihr einen vernichtenden Blick zu.

Unten im Wohnzimmer ließen sich Mr. und Mrs. Lawrence gerade den Tee servieren. Es war geheizt, die Gardinen waren zurückgezogen, und das Sonnenlicht durchflutete den Raum.

Die Briefe und Päckchen blieben jedoch unbeachtet, da Mr. und Mrs. Lawrence völlig entgeistert hörten, was das Mädchen Anna ihnen zu erzählen hatte.

»Ich glaube es einfach nicht, das ist doch unerhört«, meinte Mr. Lawrence.

»Kein Wunder, das ist doch typisch für diese Art Menschen«, versetzte Mrs. Lawrence.

»Dieser Flüchtlingskommissar kann vielleicht was erleben!« sagte Mr. Lawrence.

»Er wird wohl nichts davon gewußt haben«, sagte Mrs. Lawrence. »Die haben ganz genau aufgepaßt, daß man nichts merkt. Jedenfalls können wir sie jetzt nicht mehr hierbehalten. Hier kann sich keiner um die Frau kümmern.«

»Wir müssen einen Krankenwagen bestellen und sie abholen lassen«, sagte Mr. Lawrence. »Ich fand, daß die

Frau schlecht aussah. Sie ist wohl sehr zäh, daß sie das alleine durchstehen konnte.«

»Ach, solche Menschen haben keine Schwierigkeiten beim Kinderkriegen«, behauptete Mrs. Lawrence. »Sie spüren fast gar nichts dabei. Jedenfalls bin ich froh, daß sie in dem Zimmer über der Garage und nicht im Haus waren. Da können sie nicht allzu viel Schaden angerichtet haben.«

»Anna!« rief sie hinter dem Mädchen her. »Sag dem Kindermädchen, die Kinder sollen nicht zur Garage gehen, bis der Krankenwagen hier gewesen ist.«

Jetzt fanden Sie Zeit für ihre Briefe und Päckchen.

»Na, jetzt haben wir doch allen etwas Lustiges zu erzählen«, sagte Mr. Lawrence. »Dann schmecken der Truthahn und der Plumpudding noch mal so gut.«

Nachdem sie gefrühstückt und sich angezogen und die Kinder mit ihren Geschenken auf den Betten der Eltern herumgetobt hatten, machten sich Mr. und Mrs. Lawrence auf den Weg zur Garage. Sie wollten sehen, was man mit den Flüchtlingen anfangen sollte. Die Kinder sollten mit den neuen Sachen im Kinderzimmer spielen, denn – da waren sich das Kindermädchen und Mrs. Lawrence einig – es war schon peinlich, was da passiert war. Außerdem konnte man ja nie wissen ...

Vor der Garage hatte sich ein kleiner Trupp schwatzender Dienstboten versammelt. Es waren die Köchin, der Hausdiener, eines von den Stubenmädchen und der Chauffeur und sogar der Gärtnerjunge.

»Was ist hier los?« fragte Mr. Lawrence.

»Sie sind abgehauen«, antwortete der Chauffeur.

»Wieso denn abgehauen?«

»Als wir gefrühstückt haben, ist der Kerl weggegangen und hat sich ein Taxi besorgt«, sagte der Chauffeur. »Wahrscheinlich ist er zum Taxistand am Ende der Straße gegangen. Zu uns hat er kein Sterbenswörtchen gesagt.«

»Und wir haben gehört, wie der Wagen gekommen

ist, und der Mann und der Taxifahrer haben die Frau ins Auto getragen.«

»Der Kerl hat nach einem Krankenhaus gefragt, und wir haben ihm gesagt, daß es ein jüdisches Krankenhaus auf dem Weg zur Stadt gibt«, sagte der Chauffeur. »Er hat sich entschuldigt, daß er uns so viel Umstände gemacht hat. Aalglatt war der.«

»Und das Baby. Wir haben das Baby gesehen«, kicherte das Hausmädchen. Dann wurde sie plötzlich ohne ersichtlichen Grund rot.

»Ja«, meinte die Köchin, »ein richtiger kleiner Jude, ganz der Vater.«

Da mußten alle lachen und guckten sich dumm an.

»Dann können wir wohl nichts mehr tun«, sagte Mr. Lawrence.

Die Dienerschaft löste sich auf. Die Aufregung legte sich wieder. Man mußte schließlich noch die Weihnachtsfeier vorbereiten. Von dem ganzen Hin und Her fühlten sie sich schon ganz abgehetzt, dabei war es erst zehn Uhr.

»Wir sehen besser mal nach«, befand Mr. Lawrence und deutete auf die Garage. Mrs. Lawrence verzog das Gesicht und folgte ihm.

Sie stiegen die morsche Treppe hinauf, die zu dem kleinen dunklen Zimmer auf dem Boden führte. Es gab kein Anzeichen von Unordnung. Das Bett war wieder an die Wand gerückt, die Decke lag ordentlich gefaltet am Fußende. Stuhl und Tisch standen an ihrem Platz. Durch das geöffnete Fenster strömte die frische Morgenluft herein. Der Ofen war abgestellt. Es gab nur ein Zeichen dafür, daß jemand im Zimmer gewesen war. Auf dem Fußboden neben dem Bett stand ein Glas kaltes Wasser.

Mr. Lawrence sagte nichts. Mrs. Lawrence sagte auch nichts. Sie gingen ins Haus und in ihr Wohnzimmer zurück. Mr. Lawrence ging langsam zum Fenster hinüber und sah in den Garten hinaus. Am anderen Ende konnte er Bobs Miniaturbahn sehen. Mrs. Lawrence packte ein Geschenk aus, das sie beim Frühstück übersehen hatte.

Über ihnen tobten und schrien die Kinder. Ein Zeichen dafür, daß sie sich gut amüsierten oder in den Haaren lagen.

»Willst du nicht Golf spielen? Wolltest du nicht um elf die anderen treffen?« fragte Mrs. Lawrence.

Mr. Lawrence setzte sich am Fenster hin. »Ich habe keine große Lust dazu«, sagte er.

Mrs. Lawrence legte das Schminkköfferchen beiseite, das sie gerade aus mehreren Lagen Papier gepellt hatte.

»Komisch«, sagte sie. »Ich fühle mich auch so leer, ich habe gar kein richtiges Weihnachtsgefühl.«

Durch die geöffnete Tür sahen sie, wie der Tisch im Wohnzimmer für das Mittagessen gedeckt wurde. Die Dekoration nahm sich gut aus, zwischen dem Silber standen kleine Blumensträußchen. Um die Mitte herum lag ein großer Haufen Knallbonbons.

»Ich weiß wirklich nicht, was wir sonst noch hätten tun können«, sagte Mrs. Lawrence plötzlich.

Mr. Lawrence antwortete nicht. Er stand auf und ging im Zimmer auf und ab. Mrs. Lawrence zupfte den Tannenzweig hinter einem Bild zurecht.

»Sie haben uns ja schließlich um nichts gebeten«, sagte Mrs. Lawrence. »Der Mann hätte schon was gesagt, wenn es der Frau oder dem Baby schlechtgegangen wäre. Sicher sind beide wohlauf. Es ist eine zähe Rasse.«

Mr. Lawrence zog eine Zigarre aus seiner Westentasche und steckte sie wieder ein.

»In dem jüdischen Krankenhaus sind sie viel besser aufgehoben als hier«, sagte Mrs. Lawrence, »unter ärztlicher Aufsicht und Pflege und so. Wir wären damit nicht fertiggeworden. Außerdem sind sie so schnell verschwunden, ohne fremde Hilfe. Wir hatten ja gar keine Gelegenheit, etwas zu sagen.«

Mr. Lawrence nahm sich ein Buch und klappte es wieder zu. Mrs. Lawrence nestelte nervös an dem Gürtel ihres Kleides.

»Ja, natürlich«, sagte sie plötzlich, »ich werde hinfahren und mich nach ihnen erkundigen und ihnen Obst und so was hinbringen, vielleicht auch warme Stricksachen. Ich frage sie, ob sie sonst noch was brauchen. Ich könnte heute morgen gehen, aber ich muß ja noch die Kinder zur Kirche bringen ...«

Und dann öffnete sich die Tür. Die Kinder kamen herein.

»Ich trage meine neue Kette«, sagte Marigold. »Bob hat nichts Neues zum Anziehen.« Sie wirbelte wie eine Ballerina auf ihren Zehenspitzen herum. »Beeil dich, Mummy, sonst kommen wir zu spät und können nicht mehr sehen, wie die ganzen Leute hereinkommen.«

»Hoffentlich singen sie das Weihnachtslied, das wir in der Schule gelernt haben, dann brauche ich den Text nicht abzulesen. Warum wurde Jesus in einem Stall geboren, Dad?«

»Sie fanden keinen Raum in der Herberge«, antwortete Mr. Lawrence.

»Wieso, waren sie denn Flüchtlinge?« fragte Marigold.

Einen Augenblick lang antwortete niemand, dann stand Mrs. Lawrence auf und band sich ihr Haar vor dem Spiegel.

»Frag doch nicht so etwas Dummes, mein Liebes«, sagte sie.

Mr. Lawrence zog die Fensterflügel auf. Vom Garten her hörte man die Kirchenglocken läuten. Die Sonne verwandelte den sauberen, weißen Rauhreif in glitzerndes Silber. Mr. Lawrence hatte einen eigenartigen, nachdenklichen Gesichtsausdruck.

»Wenn ich doch nur ...« Aber er vollendete diesen Satz nicht, denn zwei Wagen kamen mit den Dalys und den Collins durch das Tor die Auffahrt hinaufgefahren. Die Kinder rannten aufgeregt schreiend auf die Treppe hinaus und riefen laut: »Frohe Weihnachten, frohe Weihnachten!«

ELKE HEIDENREICH

# Erika

Ich hatte das ganze Jahr hindurch gearbeitet wie eine Verrückte und fühlte mich kurz vor Weihnachten völlig leer,
ausgebrannt und zerschlagen. Es war ein schreckliches
Jahr gewesen, obwohl ich sehr viel Geld verdient hatte.
Es war, als hätte ich zu leben vergessen. Ich hatte meine
Freunde kaum gesehen und war nicht in Urlaub gefahren,
meine Mahlzeiten hatte ich irgendwo zwischen Tür und
Angel im Stehen eingenommen – Gyros und Krautsalat,
ein Stück Pizza, ein paar Tortillas und dazu zwei, drei
Margaritas –, oder ich hatte zu Hause ein paar Rühreier
aus der Pfanne gegessen, vor dem Fernseher, und an vielen Tagen hatte ich auch gar nichts gegessen und nur
Wein, Kaffee und Gin getrunken und war wie ein Stück
Blei ins Bett gefallen, ohne die Post zu öffnen oder den
Anrufbeantworter abzuhören, traumlos, leblos. Ich hätte
gar nicht soviel arbeiten müssen, aber ich stürzte mich in
jede neue Aufgabe, um nur ja nicht nachdenken zu müssen über Vaters Tod, über meine Scheidung, über die
Krankheit, die sich in mir festfraß und mir unmißver-
ständliche Signale gab, daß ich dieses Tempo nicht mehr
lange würde durchhalten können. Ein paar Tage vor
Weihnachten – ich war gerade nach Hause gekommen
und hatte mich vor Erschöpfung nach einem Sechzehn-
Stunden-Tag einfach in Mantel und Stiefeln der Länge
nach auf den Teppich gelegt und nur noch ganz flach
geatmet – klingelte das Telefon. Normalerweise hebe ich
nie ab. Ich lasse den Apparat laufen und höre mit, wer
anruft, und meist schüttelt es mich dann vor Entsetzen,
wem ich da beinahe durch einen Griff zum Hörer in die
Falle gegangen wäre. Aber an diesem Abend nahm ich
sofort ab, ohne nachzudenken, es war ein Reflex. Das
Telefon stand neben mir auf dem Fußboden, und beim

ersten Ton griff ich danach wie nach einem allerletzten Lebenszeichen von da draußen. »Ja!« sagte ich, und ich hätte auch genauso tonlos »Hilfe!« sagen können.

Es war Franz, und er rief mich aus Lugano an. Franz und ich hatten vor Jahren mal eine Weile zusammengelebt, uns dann aber einigermaßen friedlich getrennt und beide geheiratet. Inzwischen waren wir auch beide wieder geschieden, und er lebte in Lugano und ich in Berlin. Die Stadt saugt den letzten Tropfen Lebensblut aus mir, hält mich fest und läßt mich nicht atmen und nicht gehen und zersetzt mich mit ihrer Agressivität wie Rost ein altersschwaches Auto. Berlin lockt mich an jeder Ecke zum Saufen, zum Morden, zum Selbstmord.

Franz arbeitete in Lugano bei einem Architekten, und ab und zu schrieben wir uns alberne Karten. Manchmal traf ich seine Mutter, die so gern gesehen hätte, daß wir zusammengeblieben wären, und die in Berlin langsam vermoderte, wie so viele alte Leute. Sie erzählte mir dann ein bißchen von ihm, aber Mütter wissen ja nichts von ihren Kindern, und ich erfuhr nur, daß es Franz gutgehe, und er verdiene viel, sie sei allerdings noch nie in Lugano gewesen.

»Hallo, Betty«, sagte Franz am Telefon. Er ist der einzige, der mich Betty nennt. Ich heiße Elisabeth, aber das sagt nur meine Mutter zu mir. Mein Vater nannte mich Lisa, in der Schule hieß ich Elli, und mein Mann hatte Lili zu mir gesagt. Manchmal weiß ich selbst nicht mehr, wie ich eigentlich heiße und nenne mich bei meinem zweiten Namen: Veronika. Nur für Franz war ich Betty gewesen, und ich holte tief Luft, streifte mir die Stiefel von den Füßen und sagte: »Ach, Franz.«

»Hört sich nicht gut an, ach, Franz«, sagte er. »Ist was los?«

»Ich glaube, ich bin tot«, sagte ich. »Kneif mich mal.«

»Dazu müßtest du etwas näher kommen«, sagte Franz, »und das ist es, weshalb ich anrufe.«

Ich machte die Augen zu und dachte an die komische

Dachwohnung, in der wir zusammen gewohnt hatten. Franz hatte Bühnenbilder in verkleinertem Maßstab gebaut, und im Szenenbild von ›Don Giovanni‹ hatten unsere beiden Hamster Kain und Abel gewohnt. Sie waren auf den kleinen Balkönchen erschienen und hatten sich geputzt, und vom Tonband spielten wir dazu Donna Annas Arie aus dem Ende des zweiten Aktes, »or sai chi l'onore rapire a me volse«, und zu der Zeit haben wir furchtbar viel getrunken. Wir arbeiteten auch – er an seinen Bühnenbildern, ich für meine Zeitung, aber wir tranken Gin und Weißwein und Tequila in solchen Mengen, daß ich heute nicht mehr weiß, wie wir überhaupt morgens aus dem Bett kamen, wer all die leeren Flaschen wegbrachte und wann wir eigentlich die Katze versorgten. Einer der beiden Hamster wurde später in dem dicken Lesesessel totgedrückt – er war zwischen Sitzpolster und Lehne gekrochen –, und wir fanden ihn erst, als er zu riechen begann, und brauchten – es war bei einem Frühstück – an dem Tag den ersten Gin schon morgens, obwohl im Grunde so eine letzte Regel galt: Wein ab 16 Uhr, Gin ab 20 Uhr und Tequila erst nach zehn. Was soll's, lange her.

»Warum kommst du nicht über Weihnachten zu mir nach Lugano?« fragte Franz.

»Warum sollte ich«, sagte ich und freute mich irrsinnig, aber ich ließ meine Stimme ganz unten. »Kannst du ohne mich auf einmal nicht mehr leben?«

»Ich kann wunderbar leben ohne dich«, sagte Franz, »und was glaubst du, wie ich das genießen werde, wenn du nach Neujahr wieder abfährst.«

Ich war noch nie in Lugano gewesen. »Wie ist Lugano«, fragte ich, »gräßlich?«

»Grauenhaft«, sagte Franz. »Alte Häuser mit Palmen davor und mit Glyzinien bewachsen, die so ekelhaft lila blühen, überall Oleander mit diesem scheußlichen Duft und ein gräßlicher See inmitten scheußlicher Berge. Und sie trinken hier diesen widerwärtigen Fendant, bei dem man schon nach vier Flaschen betrunken ist. Überleg's dir.« – »Versprichst du mir, daß wir uns die ganze Zeit streiten?« fragte ich, und Franz sagte: »Ehrenwort. Und du darfst auch keinem Menschen erzählen, daß du zu mir fährst, ich könnte dich dann unauffällig erwürgen und in den See schmeißen, gut, was?«

»Fabelhaft«, sagte ich, »aber du vergißt, daß ich schon tot bin. Ich glaube nicht, daß ich es noch bis Lugano schaffe, ich schaff's ja nicht mal mehr bis in die Küche, Franz.«

»Du fliegst«, sagte Franz, »bis Mailand, und dann fährst du eine Stunde mit dem Zug nach Lugano, und ich hol dich ab.«

»Hol mich nicht ab«, sagte ich, »vielleicht hab ich ja Glück und das Flugzeug fällt runter, und dann wartest du umsonst.«

»Gute Idee«, sagte Franz, »ich könnte auch bei Chiasso einen Baumstamm quer über die Schienen legen, dann würde dein Zug entgleisen, was hältst du davon?«

»Großartig«, sagte ich und fing plötzlich an zu weinen, und Franz fragte trocken: »Freitod als willkommene Unterbrechung der Langeweile?« – »Nein«, sagte ich, »der Erschöpfung, ich möchte vor Erschöpfung aus dem Fenster fallen.«

Ich dachte an unsere Katze, die eines Tages vom Dach gefallen war, einfach so, und wir hatten gedacht, das würde nie passieren. Sie war gewöhnt daran, über die Dächer zu gehen, und von unserm kleinen Balkon aus sah ich sie oft in der Sonne sitzen und sich putzen, hoch neben dem Schornstein, vor der Fernsehantenne, auf der die dicken Tauben gurrten. Eines Tages war sie gerutscht, ins Strudeln gekommen, hatte sich vor Verwirrung nicht mehr halten können und an allen Vorsprüngen und Balkons vorbei einen geraden Sturz in die Tiefe gemacht, fünf Stockwerke, und ich sah sie bewegungslos unten liegen und war unfähig, ihr nachzulaufen.

Schließlich war Franz die Treppen runtergerannt und

lange nicht wiedergekommen. Wir haben nie mehr über die Katze gesprochen, und in dem Jahr lebten wir uns auseinander, wie man wohl so sagt. Wir konnten einfach über nichts mehr ernsthaft reden, wir waren zynisch und ironisch und unehrlich miteinander, und wir litten beide darunter, aber ändern ließ es sich auch nicht mehr.

»Du wirst mich gar nicht mehr erkennen, wenn ich komme«, sagte ich. »Ich bin ganz alt geworden und schlohweiß und potthäßlich.« Ich zog die Nase tüchtig hoch, stand auf und warf mich in einen Sessel, um Haltung anzunehmen. »Du warst immer schon potthäßlich«, antwortete Franz, »ich wollte es dir nur nie sagen. Ich bin übrigens strahlend schön wie immer.«

»Gut«, sagte ich, »das seh ich mir an, ich komm Heiligabend, falls da was fliegt.« Ich hatte das Gefühl, er freute sich wirklich und ich wäre irgendwie gerettet.

Ich schloß die Augen und blieb vielleicht noch eine halbe oder eine volle Stunde im Sessel liegen. Ich hörte die Geräusche im Haus, zuklappende Türen, eine Männerstimme, schnelle Schritte, und von der Straße klang Berlins böses Brummen hoch, ein brodelnder Dauerton wie kurz vor der Explosion eines Kessels, und ich stellte mir Lugano vor wie eine kleine Oase mit roten Dächern in einer Schneekugel.

Am 24. warf ich am frühen Morgen ein paar Pullover und Jeans, meine Brille, meinen Muff, ein bißchen Wäsche, Waschzeug, meine Ballerinas, ein Paar feste Schuhe, das alte schwarze Seidenkleid mit dem verblaßten Rosenmuster, ein paar Bücher und meinen Reisewecker in eine Tasche und ging noch mal kurz ins KaDeWe, um elsässischen Senf für Franz zu kaufen. Es gibt dort eine Abteilung mit achtzig oder hundert verschiedenen Sorten Senf, in Gläsern und Tuben und Tontöpfen, scharf und süß und süßsauer, cremig und körnig, hellgelb bis dunkelbraun, und die ganze Perversität des Westens, die ganze unerträgliche Angeberei dieser aufgeblähten, maroden, verlogenen Stadt Berlin fließt für mich zusammen in der

Unglaublichkeit dieser Senfabteilung – die Welt steht in Flammen, es ist Krieg, Menschen verhungern und schlachten sich ab, Millionen sind auf der Flucht und haben kein Zuhause, Kinder sterben auf den Straßen, und Berlin wählt unter hundert Sorten Senf, denn nichts ist schlimmer als der falsche Senf auf dem gepflegten Abendbrottisch. Aber ich hätte auch das noch geschafft, ich wäre mit dem Fahrstuhl hochgefahren und hätte für Franz, den Zyniker, Franz, den trostlosen Intellektuellen, Franz, den Spötter mit den tiefen Falten rechts und links der Nase, ich hätte für Franz, mit dem ich so verzweifelte Nächte und so verlogene Tage verbracht habe, den grobkörnigen, dunkelgelben, süßscharfen elsässischen Senf im Tontopf mit Korkverschluß gekauft, wenn ich nicht im Parterre das Schwein gesehen hätte. Erika.

Es sah aus wie ein Mensch, und ich weiß nicht, wieso ich auf »Erika« kam, aber es war wirklich mein erster Gedanke. Das Schwein sah aus wie eine Person, die Erika hieß und aussah wie ein Schwein. Erika war fast lebensgroß, fast so groß wie ein ausgewachsenes Schwein. Sie war aus hellrosa Plüschfell, hatte vier stramme, dunkelrosa Beine, einen dicken Kopf mit leicht geöffneter Schweineschnauze, weichen Ohren und etwa markstückgroßen himmelblauen Glasaugen mit einem unbeschreiblichen Ausdruck – vertrauensvoll, gutmütig, neugierig und mit einer Art gelassener Pfiffigkeit, die zu sagen schienen: was soll all die Aufregung, nimm es, wie es kommt, sieh mich an, ich bin nur ein rosa Plüschschwein mitten im KaDeWe, aber ich bin ganz sicher, daß das Leben einen wenn auch verborgenen Sinn hat.

Ich zahlte ohne zu zögern 678,– per Kreditkarte für Erika. Meine Reisetasche mußte ich mir über die Schulter hängen, für Erika brauchte ich beide Hände. Sie war erstaunlich leicht, aber enorm dick und samtweich, und sie ließ sich nur tragen, indem ich sie vor meinen Bauch preßte. Ich umschlang sie mit beiden Armen. Sie legte die Vorderpfoten auf meine Schultern und die Hinterbeine rechts und links auf meine Hüften. Ihr Kopf blickte mit den blauen Augen über meine linke Schulter, und die Verkäuferin sagte: »Noch einmal streicheln!« Sie fuhr mit der Hand zwischen die aprikosenfarbenen Ohren, sanft und zärtlich, und dann blieb sie zwischen Teddies, Giraffen und Stoffkatzen zurück, und Erika und ich verließen das Kaufhaus. Die Menschen bildeten eine Gasse und ließen uns durch. Es waren die letzten Stunden vor Ladenschluß, vor Weihnachten, und alle waren gehetzt, erschöpft, entnervt von den Vorbereitungen und voller Angst vor all den Familienkrisen, die für die nächsten Tage in der Luft lagen. Aber wer Erika ansah, mußte lächeln. Ein Penner, der im Eingang stand und sich im abgestandenen Kaufhauswind wärmte, streckte verstohlen eine Hand aus und zog Erika am Hinterbein.

Ich trat auf die Straße und sah mich nach einem Taxi um. »Mein Gott, wie schön, da wird sich das Kind aber freuen!« sagte eine alte Frau und legte ehrfürchtig eine Hand auf Erikas großen weichen Kopf, und ich dachte daran, daß das Kind, auf dessen Gabentisch dieses Schwein landen würde, Franz hieß und achtunddreißig Jahre alt war. Der Taxifahrer sagte kopfschüttelnd: »Für wattie Leute allet Jeld ausjehm« und starrte Erika mißtrauisch von der Seite an. Ich hatte sie neben ihn auf den Vordersitz geklemmt. Ihre dicken Pfoten lagen auf dem Armaturenbrett, und sie schaute mit ihren blauen Augen in den Berliner Straßenverkehr, der keine Logik und keine Rücksicht erkennen ließ, das war ein Kampf ums Erstersein. Ich saß mit meiner Reisetasche hinten und fühlte, wie mir Erikas breiter Nacken Ruhe und Sicherheit einflößte.

Wenn das Taxi an Ampeln oder im Stau halten mußte, grinsten die Fahrer aus den Nachbarautos zu uns herüber, sie lachten, sie hupten, sie winkten, sie warfen Kußhändchen. Kinder preßten ihre Hände und Nasen an beschlagene Scheiben und wußten, daß das Weihnachtsfest für sie gelaufen war, wenn nicht so ein Schwein unter dem Baum wäre. Die Sache machte nun sogar dem Taxi-fahrer Spaß.

»Ja, kiekt nur«, knurrte er, »Schweinetransport«, und er genoß das Aufsehen, das er mit seinem Beifahrer erreg-te. »Watt kostenn sowatt?« fragte er mich, als ich zahlte und ausstieg, und ich log: »Weiß ich nicht, hab ich zu Weihnachten gekriegt«, weil ich mich schämte, ihm den Preis zu nennen.

Normalerweise wäre meine Reisetasche als Bordgepäck durchgegangen, aber ich durfte nicht beides mitnehmen – Erika und die Tasche –, also gab ich die Tasche auf. Erika paßte in keines der übervollen, schmalen Gepäckfächer, und zum erstenmal wurden wir getrennt. Die Stewardeß setzte Erika auf einen freien Platz in der ersten Klasse, schnallte sie an und versicherte mir: »Da geht es ihm gut.« – »Ihr«, sagte ich, »sie heißt Erika.« Die Stewardeß sah mich nett und leer an und ging rasch weg, und mir fehlte Erikas weiches Fell, ihr sanfter Blick, und ich geriet fast in Panik, als zum Start der Vorhang zur ersten Klasse zugezogen wurde und ich sie nicht mehr sah. Ich schloß die Augen und dachte an meinen ersten Kinderheimauf-enthalt. Nach Borkum war ich geschickt worden, meiner kranken Lungen wegen. Ich war neun Jahre alt, stand am Zugfenster und weinte, und das letzte, was ich von mei-ner Mutter hörte, war: »Stell dich nicht so an, die anderen Kinder heulen auch nicht.« Ja, Mutter, weil immer nur die Kinder weinen, die nicht liebgehabt werden und tief im Herzen spüren, wie sehr die Mütter aufatmen, wenn sie sie wenigstens für vier Wochen mal abschieben kön-nen. Ich weinte, weil ich mir nicht mal sicher war, ob sie bei meiner Rückkehr überhaupt noch dasein würde oder ob sie sich in der Zwischenzeit heimlich und für immer aus dem Staub machte. Mein Vater hatte mir einen Teddy mit honiggelbem Pelz und braunen Glasaugen geschenkt. Er hieß Fritz, und ich preßte ihn an mein Gesicht und ließ Rotz und Tränen in sein Fell laufen, wie ich es jetzt gern mit Erika gemacht hätte, aber Erika flog erster Klasse. Mir fiel ein, daß ich mich nicht mal von meiner Mutter verabschiedet hatte, ihr auch nicht frohe Weihnachten gewünscht hatte, aber vielleicht würde sie das ja auch gar nicht merken, und außerdem konnte ich sie aus Lugano immer noch anrufen.

In Frankfurt nahm ich Erika wieder in Empfang und preßte sie fest an mich, als ich für den Flug nach Mailand durch die Auslandshalle gehen mußte. Auf den Lederbänken, den Chromstühlen, auf Koffern, auf dem Fußboden, überall saßen und lagen müde Menschen, die auf ihren Weiterflug warteten – Inder mit Turban, verschleierte Frauen, Schwarze in bunten Baumwollgewändern, Japaner im Einheitsanzug, plattköpfige Koreaner, magere alte Amerikanerinnen mit Pelzjäckchen und grotesken Haarfarben und Kinder, Kinder aller Nationen und Altersgruppen, essende Kinder, lesende, weinende, schlafende, Kinder auf Mutters Schoß und auf Vaters Arm, Kinder, die eine Puppe oder ein kleines Köfferchen umklammerten oder die an den großen Scheiben standen und auf die Rollbahn starrten, stumm und traurig, sich von Weihnachten nichts mehr versprechend. Die Luft war warm und abgestanden, die Halle von Lärm erfüllt, niemand sah freundlich, gelassen oder glücklich aus. Das Reisen am Heiligen Abend strengte alle Gefühle auf das äußerste an, und dann kam Erika.

Ich hatte mir ihren Rücken vor den Busen gepreßt, so daß sie den Leuten ihren hellrosa Bauch zeigte und die vier stämmigen Beine in die Luft streckte. Mit ihren freundlichen blauen Glasaugen veränderte Erika in ein paar Sekunden den ganzen Raum. Der Geräuschpegel wurde raunend sanft, Gelächter war zu hören. Die Kinder standen auf, wurden von den Eltern angestoßen, geweckt, Köpfe drehten sich um, ein paar Kinder kamen angelaufen. Zaghaftes Lächeln wurde zu breitem Lachen, in die Luft kam Bewegung, und in allen Sprachen der Welt, die ich nicht verstand, sagten kleine Jungen und Mädchen dasselbe: Oh, darf ich es anfassen? Ich nickte.

Erikas Pfoten wurden gedrückt, ihr Ringelschwänzchen vorsichtig aufgerollt, ihre Ohren gekrault. Ein dunkler Junge tupfte sacht auf eines der blauen Glasaugen, und ein kleines schwarzes Mädchen mit zahllosen Perlenzöpfen küßte Erika mitten auf die Schnauze und rannte dann schnell hinter den schützenden Rücken seiner Mutter.

Hätte ich mich in diesen Raum gestellt und zu diesen Menschen von Sanftheit und Liebe, von Harmonie und Sehnsucht, von Weihnachten, von Erlösung und Versöhnung gesprochen – niemand hätte mir zugehört. Eine peinliche Figur wäre ich gewesen, und der Wachmann hätte mich beim Arm genommen und gesagt: »Darf ich Sie zu Ihrem Flugzeug bringen?« oder: »Jetzt trinken Sie erst mal eine Tasse Kaffee.« Erika schaffte die Verzauberung durch ihre bloße Anwesenheit. Ein Schwein von solcher Größe, mit einem so milden Blick und einer derart weichen Anfaßfläche vermittelte mehr Frieden auf Erden und den Menschen ein Wohlgefallen, als die Prediger aller Mitternachtsmessen das würden schaffen können. Nehmt das geschundene, verkitschte, blondgelockte Jesuskind aus den Krippen und legt ein lebensgroßes Schwein mit rosa Fell und flehenden Glasäuglein unter den Weihnachtsbaum, und ihr werdet ein Wunder erleben!

Die letzte Maschine nach Mailand war klein, fast gemütlich, nicht ausgebucht. Erika konnte neben mir sitzen und wurde von Captain Travella und seiner Crew als *sorpresa speciale* an Bord herzlich begrüßt. Ein Gast *molto strano, però simpatico,* und die fünfzehn, zwanzig Fluggäste applaudierten.

Allmählich geriet ich in eine fast ausgelassene Stimmung. In nur wenigen Stunden hatte Erika mein Leben bereits verändert, das heißt, mein Leben mit Erika war anders abgelaufen, als es das ohne Erika getan hätte: Ich hatte mit wildfremden Menschen gesprochen, sogar mit dem Taxifahrer, Leute hatten mich angestrahlt und ich hatte zurückgelacht, und überall da, wo Erika und ich aufgetaucht waren, hatten wir die Stimmung und die Gesichter der Menschen für einen Augenblick aufgehellt.

Ich bestellte mir einen Rotwein und auch einen für Erika, der kommentarlos freundlich geliefert und serviert wurde. Wir flogen über die Alpen, und ich lehnte meinen Kopf an Erikas Schulter, fühlte mich wohl und wäre gern immer so weitergeflogen, um die Welt.

In Mailand streikten die Angestellten des Flughafens. Keine Treppe wurde an das Flugzeug gefahren, kein Bus kam auf das Rollfeld, um uns zu holen, wir mußten das Flugzeug über eine Rutsche verlassen. Als ich an der Reihe war, überlegte ich, ob ich zuerst rutschen und Erika solange einem andern Passagier oben anvertrauen sollte, oder ob ich Erika mit dem Ruf: »Erika, ich komme!« nach unten schicken und sofort nachkommen sollte. Die Entscheidung wurde mir durch die weitgeöffneten Arme bereits unten stehender Passagiere abgenommen: »Avanti!« riefen sie, und: »Vieni, bella!«, und sie meinten Erika, die auf ihrem runden Rücken nach unten rollte und in die geöffneten Arme fiel, gedrückt, geküßt und gelobt wurde: »Brava, brava!« Ich rutschte nach und nahm sie eifersüchtig in Empfang, ganz stolze Mutter eines vielbeachteten Kindes. Wir mußten unsere Koffer selbst aus dem Bauch des Flugzeugs holen und dann den langen Weg übers Rollfeld zum Zollgebäude zu Fuß gehen. Die Passagiere halfen sich gegenseitig mit ihren schweren Gepäckstücken. Erika hatte eine milde Laune über all die gegossen, die sonst nur daran dachten, selbst so gut und so rasch wie möglich klarzukommen. Ein Schwein weilte unter uns und sorgte für samtene Heiterkeit am Vorweihnachtsabend. Ich bildete ein Paar mit einem großen Schwarzen, der sich zu seinem Koffer noch meine Reisetasche über die Schulter hängte und mir dafür sein kleines Aktenköfferchen zu tragen gab, aber in der Mitte zwischen uns schwebte Erika – er hielt ihre linke, ich die rechte Pfote –, und so gingen wir über den dunkelnassen Asphalt, von allen beneidet, denn mit Erika wäre jeder gern gegangen, aber er war der Entschlossenste gewesen. Ich hatte sofort Lust, für den Rest des Lebens mit diesem Schwarzen zusammenzubleiben, Erika in der Mitte, aber er erzählte mir, daß er Mr. Wilson heiße und Weihnachten bei seiner Schwester in Mailand verbringe, ohne seine Familie in Cleveland, Ohio. »A wonderful present«, sagte er über Erika, und ich erschrak bei dem Gedanken, sie verschenken zu müssen.

Die italienischen Zollbeamten winkten mich auf die Seite. Mr. Wilson verabschiedete sich mit Bedauern und händigte mir meine Reisetasche aus, aber die Tasche fand wenig Interesse bei den Zöllnern. Sie piekten mit den Fingern ins Schwein, rochen daran, drehten es um, versuchten, ob es klapperte, und Nando mußte kommen und Luigi, Michele, Danilo und Sergio, und jeder mußte Erika anfassen, begutachten, hochheben. Als sie in den Röntgenkasten geschoben werden sollte, protestierte nicht nur ich. Die Passagiere empörten sich mit mir: so ein Unsinn, ein Schwein, ein Weihnachtsgeschenk für ein Kind, nun solle man nicht päpstlicher sein als der Papst... Schließlich holte der, den sie Danilo nannten, einen alten, schlechtgelaunten Schäferhund, der mit seiner nassen Nase auf Erika herumschnüffelte und die Drogen bei ihr suchte, nach denen man ihn süchtig gemacht hatte. Sein Interesse an Erika war so gering, daß wir endlich die Sperre passieren konnten. Mr. Wilson, in Begleitung seiner Schwester, hatte auf uns gewartet und schien erleichtert. Er zeigte auf uns, die Schwester führte die Hand zum Mund und lachte. Wir winkten uns zu, und dann verschwand er und ich suchte den Bus zum Bahnhof.

Der Busfahrer rauchte, trotz der überall angebrachten Schilder »Vietato fumare«. Wir fuhren durch Straßen mit hohen, alten Häusern, die Schaufenster waren weihnachtlich geschmückt, und bunte Lichterketten flimmerten in den kahlen Bäumen der Vorgärten. Der Bus soff dreimal ab und blieb mitten auf der Straße stehen – dann fluchte der Fahrer, stieg aus, trat irgendwo dagegen, kam wieder herein, betätigte alle möglichen Hebel und es ging wieder weiter. »L'intelligenza si misura col metro« stand auf einer Wand, und ich überlegte, ob das bedeutete, daß die Intelligenz Metro fährt oder daß sich die Intelligenz mit dem Metermaß messen ließ – mein Italienisch war für solche Feinheiten nicht gut genug. Ich hatte meine Tasche ins Gepäcknetz gelegt und hielt Erika auf dem Schoß. Ein Nordafrikaner saß müde und knurrig neben mir und sah aus dem Fenster auf all den Dreck und den Verkehr, aber ich merkte, wie er mit der einen Hand einmal kurz über Erikas dicken Hintern strich. Alle anderen Fahrgäste sahen natürlich immer wieder zu uns herüber, und jeder reagierte auf seine Weise, mit Lächeln, hochgezogenen Augenbrauen, begeistertem Kopfnicken. Ich las in einer Zeitschrift, die ich aus dem Flugzeug mitgenommen hatte. In einem Artikel über Venedig stand: »Quando sulla laguna piove zucchero, la città dei Dogi aumenta il suo incantesimo«, und in englisch übersetzt stand platt daneben: »When it's raining sugar on the lagoon, the city of the doges is an enchantment.« Ich stellte mir vor, wie ich mit Erika in Venedig wäre und wir würden zusammen Gondel fahren auf den schwarzen Kanälen, und auf den Brücken würden die Menschen stehenbleiben und dem blitzrosa Schwein auf ihren dreckigen Wassern zuwinken. Ich wurde müde und schlief an Erikas rosa Rücken fast ein, aber wir kamen am Bahnhof an, und ich mußte aussteigen.

Der Mailänder Bahnhof ist groß und hoch und sehr alt und schön, mit würdigen Fenstern, geschnitztem Holz und prächtigen, fast jugendstilartigen Verzierungen. Wie auf jedem Großstadtbahnhof gab es auch hier ein Menschengewimmel, so daß man ständig geschubst und gestoßen wurde, wenn man nicht aufpaßte, aber ich hatte eine Gasse, durch die ich gehen konnte. Erika sah mir mit blauen Glasaugen den Weg frei, und ich ging wie das Volk Israel durchs Rote Meer durch diesen überfüllten Weihnachtsbahnhof, und hinter mir schlossen sich die Wogen wieder.

Mein Zug war brechend voll. Kein Speisewagen, keine Möglichkeit zu entkommen, ich mußte auf dem Gang stehen und mir meine Tasche zwischen die Beine klemmen. Aus dem Sechsmannabteil winkte jemand: Geben Sie mir nur Ihr Schwein, ich halte es! Erika landete auf dem Schoß einer alten Frau, die alles ausgiebig betastete und beschnüffelte, und dann wanderte sie weiter von Schoß zu Schoß, von Arm zu Arm, eifersüchtig und mißtrauisch von mir bewacht. Ich bin jemand, der von Kristallüstern in Hotels immer ein paar geschliffene Glasanhänger stiehlt, und mit hellwachen Sinnen paßte ich auf, daß sich keiner an Erikas blauen Augen zu schaffen machte, ich kannte die Bosheit der Menschen, mir mußte man nichts erzählen!

Ich erinnerte mich daran, wie ich an meinem Geburtstag mal mit Franz in einem sehr eleganten Lokal zum Essen war. Sie hatten ausnehmend schöne Weingläser mit einem eingeschliffenen Sternchenmuster, und ich wollte so gern eins haben. Franz nahm eines vom Tisch, winkte dem Ober und fragte: »Wir haben leider ein Glas zerbrochen, was sind wir schuldig?« – »Oh, nichts, das kann passieren«, sagte der Ober natürlich, und Franz grinste und steckte das Glas ganz offiziell in meine Handtasche.

Der Zug fuhr durch eine trostlose Industrielandschaft mit zerbröckelnden Mietskasernen für die Arbeiter der Auto-, Amaretto- und Möbelwerke. Auf vielen Balkons die bunten Lichterketten, die nach Karneval aussehen, in Italien aber zu Weihnachten gehören. Blinkende Lichterketten in Palmen und Oleanderbüschen und magere Katzen in vertrockneten Vorgärten. Ich wurde plötzlich so traurig, fühlte mich so verlassen, so kläglich, so erschlagen von der Armut und dem Dreck der Welt, daß ich mit einer harschen Gebärde Erika zurückverlangte und mein Gesicht in ihren dicken weichen Nacken preßte. Die Weihnachten meiner Kindheit fielen mir ein, die keine Weihnachten waren, weil meine Mutter mit Kirche und Christentum nichts zu tun haben wollte und also auch kirchliche Feiertage nicht akzeptierte. Weihnachten fand einfach nicht statt, es gab weder einen Baum noch Geschenke, und für ein Kind ist das nicht leicht zu verstehen. Ich saß im Wohnzimmer am Fenster, sah überall in der Straße die Christbäume aufleuchten und schluckte die Tränen hinunter. Franz und ich hatten uns immer einen Baum geschmückt, mit lauter verrückten Utensilien wie Küchensieben, Gabeln, Korkenziehern, aber doch mit Kerzen, und Geschenke gab es auch, und dann beleuchteten wir das Bühnenbild zu ›Don Giovanni‹, in dem aus Fahrradbirnchen zusammengeleimte Kronleuchter hingen, hörten die Ouvertüre und versteckten Futter für Kain und Abel auf den Balkonen. Was würden Franz und ich, wir beiden Einsamen, heute abend tun? Er hatte vielleicht etwas gekocht, und ich hatte Erika für ihn. Ob wir es schaffen würden, die zynischen Witze mal für einen Abend wegzulassen? Ob wir wirklich miteinander reden konnten, über alles, was schiefgegangen war, und über Pläne und Hoffnungen? Ob ich würde sagen können: Mein Vater ist tot, ich bin so traurig und verlassen, ob ich würde sagen können: Ich bin krank, ich muß operiert werden, und ich fürchte mich so? Und würde er mir erzählen von seiner Arbeit und warum er dafür so weit geflüchtet war? Hatte er keine Freundin? Im Leben von Franz gab es immer Frauen, sogar als er mit mir noch zusammen war, aber ich bin nicht von der eifersüchtigen Sorte – ich kann einfach keine Szenen machen, zumal ich das Gefühl kenne, sich in jemanden zu verlieben, und sei es nur für einen Abend. Was war schon dabei in einem so kurzen und endgültigen Leben. Ich fürchtete mich plötzlich vor den scharfen Falten im Gesicht von Franz, vor seinem scharfen Verstand und seinem scharfen Blick auf mich. Als der Zug nach längerem Halt und einer Zollkontrolle – Erika wurde abermals sehr ausgiebig betastet und überprüft – von Chiasso aus weiterfuhr, nächster Halt Lugano, brach mir der Schweiß aus. Ich müßte mich von Erika trennen, für Franz, der sie vielleicht gar nicht schätzen würde. Ich müßte neben Franz im Bett liegen heute abend, und auf einmal erinnerte ich mich daran, wie verbissen und fast gewalttätig Sex in den damals letzten Wochen zwischen uns gewesen war. Wir wußten, daß wir uns trennen würden, und es war, als wollten wir vorher versuchen, uns gegenseitig zu zerstören. Am Ende waren wir matt und sanft gewesen und friedlich auseinandergegangen, aber die Wochen davor hatte jeder versucht, den anderen zu zerbrechen.

Ich konnte Franz nicht wiedersehen. Ich konnte nicht, ich wollte nicht, es war aus zwischen uns, und nach all den Jahren waren wir auch keine Freunde mehr. O Gott, ich hätte nicht herfahren sollen, diese weite Reise, am Heiligabend, nun stand ich in diesem überfüllten Zug und fuhr in eine Stadt, die ich nicht kannte, zu einem Mann, mit dem ich fertig war und dessen Ironie ich in meinem desolaten Zustand nicht würde ertragen können. Und Erika – um keinen Preis würde ich Erika hergeben, schon gar nicht an Franz.

Als der Zug in Lugano hielt, sah ich ihn sofort. Er stand unter einer Lampe, in einem eleganten Mantel, und rauchte. Seine Augen waren zusammengekniffen und sein Gesicht schien mir noch schmaler als früher. Ich spürte eine vertraute Zärtlichkeit für ihn, den ich so gut kannte, aber gleichzeitig eine würgende Angst, ihm gegenüberzutreten, von ihm umarmt zu werden, ihn zu küssen. Ich blieb stehen, mein Gesicht in Erikas Fell gepreßt, und ließ die Reisenden an mir vorbei aussteigen. Das Abteil wurde fast leer. Franz schlenderte über den Bahnsteig, suchend, er kam auch an meinem Fenster vorbei, sah flüchtig hoch, beobachtete aber sofort wieder den Bahnsteig, die Hände tief in den Taschen, die Zigarette im Mundwinkel. Franz! dachte ich, weißt du noch, früher haben wir immer behauptet, daß Liebende ihre gegenseitige Nähe spüren, sie fühlen, wenn der andere ins Lokal tritt und drehen sich im rechten Augenblick um – das war in unserer allerersten Zeit, als wir noch so glücklich miteinander waren. In einem Lokal haben wir uns kennengelernt, ich war an Wochenenden Aushilfskellnerin, um mein letztes Semester zu finanzieren, und du kamst an einen Tisch und studiertest so lange die Karte, daß ich schließlich auf dich zugegangen bin und gesagt habe: »Ich bin Lisa mit der Empfehlung des Tages, Hände weg vom Käsekuchen, der ist von letzter Woche, aber den Apfelkuchen kann ich nur empfehlen.« Du sahst mich verblüfft an und sagtest schlagartig: »Gut, dann nehme ich den Käsekuchen.« Wir mußten beide lachen, und du sagtest: »Das ist aber ein klasse Trick, um die Reste loszuwerden«, und ich sagte: »Der ist nicht von mir, er ist aus irgendeinem Film, aber er gefällt mir so gut.« – »Du gefällst mir auch gut«, sagtest du, und an dem Abend lag ich schon in deinem Bett – mit uns war immer alles ganz schnell und unkompliziert gegangen.

Und genauso schnell entschied ich mich jetzt, aus diesem Zug nicht auszusteigen. Ich wollte Franz nicht wiedersehen. Ich wollte nicht, nur weil es uns beiden schlechtging, eine alte Geschichte wieder aufwärmen. Ich wollte mich von Erika nicht trennen, und der Zug fuhr weiter, rollte aus dem Bahnhof von Lugano durch einen langen, finsteren Tunnel, und ich dachte: »Frohe Weihnachten.«

Ich stellte mir vor, wie Franz verblüfft zurückbleiben und in der Bahnhofsgaststätte einen Espresso trinken würde. Dann würde er vielleicht nach Mailand telefonieren, ob das Flugzeug pünktlich angekommen sei, er würde noch einen Zug abwarten und vielleicht noch einen, und schließlich würde er in seine elegante Wohnung über dem See zurückfahren und auf einen Anruf oder ein Telegramm warten, sein Roastbeef endlich allein essen, seinen Fendant dazu trinken und fluchend aus dem Fenster sehen und denken: »Das gibt's doch nicht, daß die kleine Betty mich so linkt.«

Ich wußte nicht, was aus mir werden sollte. Ich wußte nicht, wie weit ich fahren, wo ich übernachten würde, aber ich hatte Erika und einen Platz im leergewordenen Abteil, auf den ich mich mit ihr setzte. Der Zug fuhr durch kleine Bahnhöfe, ohne zu halten: Taverne-Torricella, Mezzovico, Rivera-Bironico. Die Orte sahen sauber und adrett aus, hier war man in der Schweiz und nicht mehr in italienischem Durcheinander. In welcher faden Pension, in welchem Ort würde ich landen? Ich war in Berlin mal an einem verzweiflungsvollen Nachmittag ins Kino gegangen, ohne aufs Plakat zu schauen, ohne zu wissen, welcher Film lief. Es hätte schiefgehen können, aber es ging gut, und ich war in eine wunderbare Komödie mit dem dummen Titel ›Ein Haar in der Suppe‹ geraten, hinter dem sich ein witziger und gutgemachter Film über Studenten und Künstler in Greenwich-Village verbarg. Vielleicht, dachte ich, hält der Zug in einem zauberhaften Ort, und ich steige aus und mache mein Glück, es ist alles drin. Und ich bereute keinen Augenblick, Franz auf dem Bahnhof stehengelassen zu haben. Franz war schon eine Million Lichtjahre weit weg, und außerdem konnte man wahrscheinlich von überall nach Zürich weiterfahren und von dort aus noch nach Hause fliegen.

Der Zug fuhr jetzt langsamer. Links sah man in einem Tal eine Industrieansiedlung, rechts lagen schöne alte Villen unter hohen Zedern an einem Hügel. Ein Kastell wurde sichtbar und ein ehrwürdiges Gebäude mit der Inschrift »Istituto Santa Maria«, wahrscheinlich etwas für höhere Töchter, und dann hielt der Zug kurz nach 19 Uhr in Bellinzona. Ich stieg aus und stand mit Erika auf einem fast leeren Bahnsteig. Es war kalt, und vor mir versuchte eine Taube, einen Krümel aufzupicken, aber es gelang ihr nicht, denn ihr Schnabel war mit Kaugummi verklebt. Ich verließ den Bahnhof und sah direkt gegenüber ein riesiges, rosafarbenes Hotel, *Albergo internazionale*. Alle Fenster waren geschlossen, und an der Tür hing ein Schild: *chiuso*. Ich schulterte meine Tasche, preßte Erika an mich und ging die Straße am Bahnhof hinunter, die aussah wie fast alle Straßen an fast allen

Bahnhöfen – Boutiquen, Kaufhäuser, Jeans shops, Reise-
büros, Armbanduhren, Tabak und Zeitschriften. Ich sah
in alle Nebenstraßen hinein, und bei der dritten hatte ich
Glück: *Pensione Montalbina.*

An der Tür war ein Schild: *chiuso,* aber im Parterre war
hinter vorgezogenen Gardinen Licht zu sehen. Ich mußte
es versuchen. Ich war sicher, daß Erika mir die Türen
öffnen würde. Das Jesuskind, dessen Existenz meine
Mutter so gründlich bezweifelte, wurde am Heiligabend
nirgends eingelassen, aber einem Plüschschwein würde
man sich doch nicht verschließen können!

Eine Gardine wurde vorsichtig zurückgeschoben, und
hinter der Scheibe erschien ein dicker roter Männerkopf.
Mit kreisrunden Augen schaute er auf mich und winkte
mit dem Zeigefinger ab. »Chiuso!« formte sein kleines
fettes Mündchen, aber ich sah ihn flehend an und hielt
Erika hoch. Er starrte auf Erika, und die Gardine wurde
wieder vorgezogen. Innen hörte ich ihn schlurfen, und
nach langem umständlichem Genestel wurde schließlich
die Tür geöffnet. Vor mir stand ein Mann, nicht viel größer als ich, aber unermeßlich dick. Der runde Kopf saß
ihm halslos auf den Schultern, seine Füße hatte er sicher
seit Jahren nicht sehen können unter dem mächtigen
Bauch, und die feisten Arme ruderten mit abwehrender
Geste rechts und links neben dem Körper. »Chiuso«,
sagte er, geschlossen, niemand da, und staunte Erika an.
»Was ist das denn?« fragte er, und ich sagte: »Das ist ein
Schwein, und wir suchen ein Zimmer für eine Nacht und
ein Abendessen.« – »Ein Schwein«, murmelte er, »un
maiale!« und streckte die Hand aus, um Erika vorsichtig
zu streicheln. »Es heißt Erika«, sagte ich kühn, und der
Dicke nickte ehrfürchtig und murmelte, als sei das die
selbstverständlichste Sache der Welt: »Erika.« – »Bitte,
lassen Sie uns rein«, sagte ich, »mich und Erika. Wir
wissen nicht, wohin wir sollen«, und ich zeigte ihm auch
vorsichtshalber, daß ich Geld hatte, um ein Zimmer zu
bezahlen.

Er schüttelte den Kopf, aber eher ratlos und verzweifelt als wirklich abweisend. »Es geht nicht«, sagte er, »die Pension ist bis 15. Januar geschlossen, und ich bin nur der Koch. Es ist niemand da.« – »Bitte!« sagte ich, und wußte selbst nicht, warum ich so hartnäckig war. Ich hätte ja auch einfach zum Bahnhof zurückgehen und nach Zürich fahren können, aber ich war müde und fror, und dieser Dicke flößte mir Vertrauen ein, nachdem ich den ganzen Tag mit der dicken weichen Erika so glücklich gewesen war. Ich wollte meinen Abend mit einem fetten Koch und einem runden Schwein verbringen.

Der Mann starrte mich lange an, und Kämpfe spielten sich in seinem Innern ab, man konnte es auf seinem Gesicht lesen. Die Stirn lag in qualvollen Falten, das Mündchen spitzte sich und stieß kleine Laute aus, die Nase bebte, und die Kugelaugen weiteten sich immer mehr. Seine Gesichtsfarbe ging von Rosa in ein dunkles Rot über, und die Ohren schienen violett, und endlich hob er die Arme, legte den Kopf schief, stieß mit dem Fuß die Tür etwas weiter auf und ließ mich eintreten. Er schloß hinter mir ab, und da stand ich nun in einem dunklen Flur, Erika im Arm, und wartete, was in diesem Jahr aus Weihnachten noch werden würde.

Der Dicke tänzelte auf zierlichen Füßen vor mir her und öffnete die Tür zu einer erstaunlich großen Küche, in der ein Kaminfeuer brannte. Ein großer Herd war an der einen Seite, umgeben von Regalen mit Gerätschaften, und an der anderen Seite stand ein riesiger gescheuerter Holztisch mit einer Bank und ein paar Stühlen. Auf dem Tisch standen ein Teller mit Salami, eine Flasche Wein und ein Kofferradio, aus dem Riccardo Cocciante sang. Der Dicke wies mir mit der Hand einen Platz am Tisch an und stand unschlüssig herum. Ich setzte mich und plazierte Erika neben mich, die ihre Pfoten brav auf die Tischplatte legte. Der Dicke konnte sich nicht satt sehen. »Erika«, sagte er wieder, und: »mai visto un maiale così grande, noch nie habe ich ein so großes Schwein gesehen.«

Er nahm seinen Teller, der fast leer gegessen war, und steckte sich die letzten Salamischeiben in den Mund. »Jetzt kochen wir richtig«, sagte er und band sich eine Schürze um. Er setzte einen Topf mit Wasser auf und holte Nudeln aus dem Schrank. In einer Pfanne rührte er eine Sauce an, auf einem Brett hackte er frische Kräuter, vor seiner Brust schnitt er ein großes Weißbrot in Scheiben. Er arbeitete stumm, rasch und sicher, und es schien, als hätte er mich vergessen. Nur auf Erika warf er ab und zu einen Blick und murmelte ihren Namen. Mitten in seiner Arbeit stellte er mir ein Glas hin und schob mir die Weinflasche zu. Ich goß mir und auch ihm ein und hielt mein Glas hoch. »Salute«, sagte ich, und er drehte sich vom Herd um und sah mich an. Er lächelte und zeigte kleine weiße Zähne. Er nahm sein Glas, stieß mit mir an und sagte: »Franco.« – »Veronika«, sagte ich, und er wiederholte: »Veronika. E Erika.«

Ich streckte meine Beine aus, genoß die Wärme und schloß die Augen. Ich hörte Franco hantieren und die Spaghetti abgießen, im Radio sang jetzt Franceso de Gregori das Lied vom kleinen Italiener, der auf einem großen Schiff nach Amerika fährt. Aber er sieht nichts von Amerika, denn er ist Heizer und muß immer unten im Bauch des Schiffes bleiben, *in questa nave nera nera sul'quest' Attlantico cattivo*. Ich fühlte mich wohl und geborgen und dachte: »Adieu, Franz. Ciao Franco.« Franco stellte einen Teller mit einer Gabel vor mich hin. Er brachte dampfende Schüsseln und fragte: »Lei non mangi?« sie ißt nicht? und zeigte auf Erika. Nein, sagte ich, aber ich hätte einen Riesenhunger, und wir fingen an zu essen. »Danke, Franco«, sagte ich, und legte einen Augenblick meine Hand auf seine, als wären wir alte Freunde. Er war verlegen und konnte mich nicht ansehen. Erika saß zwischen uns – Franco am Kopfende des großen Tisches, dann Erika links an der Seite, dann ich, und wir schoben die Weinflasche vor Erika hin und her, bis sie fast leer war und Franco eine zweite holte. Er sprach ein bißchen

Touristendeutsch, und ich radebrechte italienisch, und so versuchten wir, uns gegenseitig zu erklären, was uns ausgerechnet Heiligabend in diese Küche verschlagen hatte. Ich log etwas von auf der Durchfahrt, Flugzeug verpaßt, und er erzählte von Herrschaften, die in Urlaub waren. Er dürfe hier wohnen, weil er nicht nach Hause wolle. Ich fragte ihn, warum nicht – ob er Familie hätte, wo er wohne, und nach einer langen Pause mit stockenden Anfängen kam dann schließlich Francos traurige Geschichte heraus – daß er vom Dorf sei, nicht hier aus der Schweiz, sondern aus Cusino, drüben in Italien, und jeden Tag fahre er als Koch hin und her, denn er habe eine Frau und eine Tochter. Und die Frau hatte ihn verlassen, gerade jetzt vor Weihnachten war sie zu einem Friseur nach Locarno gezogen, mit dem Kind, und allein hielt er es zu Hause nicht aus. Er sah Erika verzweifelt an und rief: »Meine Frau war auch so dick, und ganz rosa, so eine schöne zarte Haut!« und streckte die Hand aus und streichelte Erika, und Tränen kamen ihm in die Augen. Ich erzählte, daß ich geschieden sei und ganz allein lebte, und daß ich jemanden in Lugano besuchen wollte und dann einfach weitergefahren wäre, und ob wir nicht diesen Abend zusammen hierbleiben könnten?

»Sisi«, rief er, jaja, und holte eine Flasche Grappa und zwei Gläser. »Sie ist einfach weggefahren mit ihm«, schluchzte er, »was will sie denn mit einem Friseur, der kann ja nicht mal richtig für sie kochen!« Er holte Tiramisu aus dem Kühlschrank und machte uns in großen Tassen Cappuccino. Die zweite Flasche Wein war leer, und der Grappa floß auch gut weg. Ich legte den Kopf auf den Tisch und drehte am Radio. Ich fand das Weihnachtsoratorium und drehte es laut auf: »Bereite dich, Zion, mit herrlichen Chören, den Schönsten, den Liebsten bald bei dir zu sehen«, sang ich mit, denn ich war als Kind in einem Bach-Chor gewesen und konnte alle Oratorien singen. Franco wischte sich mit der Schürze die Tränen ab, putzte seine Nase und nahm Erika auf den Schoß. »So weich war sie!« rief er, »so weich, und ich habe sie immer gut behandelt. Mit einem Friseur!« Und er fing wieder an zu weinen und drückte sein Gesicht zwischen Erikas Ohren. Jauchzet, frohlocket. Ich wurde so müde und rückte meinen Stuhl näher ans Feuer. Mein Grappaglas nahm ich mit und schaute in die Flammen, die loderten und knisterten, und ich hätte gern einen Tannenzweig verbrannt, damit es nach Weihnachten gerochen hätte. »Scheißweihnachten«, sagte ich und legte noch ein Stück Holz nach, und Franco sagte: »Erika«, und der Kopf fiel ihm herunter.

Als ich aufwachte, war es gegen Morgen und das Feuer war ausgegangen. Steif geworden hing ich in meinem Stuhl, das Grappaglas lag in Scherben auf dem Boden. Tageslicht drang durch die Vorhänge, und quer über dem Tisch lag der dicke Franco, den Kopf auf Erika gebettet, und schlief.

Ich stand sehr leise auf, nahm meine Tasche und ging, ohne ein Geräusch zu machen. Der Schlüssel steckte in der Haustür, die ich hinter mir zuzog. Die Straße lag still und leer da, ich sah zur *Pensione Montalbina* hoch und dachte: »Alles Gute, Erika, tröste ihn, du kannst es!« und ging zum Bahnhof. Zu Hause in Berlin fand ich ein Telegramm von Franz: »Was ist los, verdammt?«, und ich telegraphierte zurück: »Nichts. Adieu« und rief meine Mutter an, die noch gar nicht gemerkt hatte, daß ich weggewesen war und daß erster Weihnachtstag war.

# EGYD GSTÄTTNER

# Die heilige Familie

Wer heute noch allen Ernstes Klagelieder anstimmt, weil
der Advent nicht die stillste, sondern ganz im Gegenteil
die lauteste und hektischste Zeit des Jahres, weil Weihnachten nicht das Fest der Liebe, sondern der Geschäfts-
leute ist, das Wirtschaftswunder dem Weihnachtswunder
hart zugesetzt und überhaupt ein weltweites religiöses
Wurzelziehen eingesetzt hat, muß sich schon den Vorwurf gefallen lassen, ein wenig epigonal zu arbeiten. Diese Kritik der Reinen Vernunft anläßlich der jährlichen
Generalversammlungen des Gefühls hat sich bereits jeder
bessere Schulaufsatzautor angeeignet, die dürfte manch
einer damals schon insgeheim gespürt haben, als er noch
ein Waldbauernbub war.

Als ich noch ein Waldbauernbubenkritiker war und
auch generell die Gesellschaft als Grund meines Nörgelns
nahm, dachte ich jedesmal, wenn aus dem Warenhaus-
lautsprecher berieselnde Weihnachtsmusik wie etwa ›Ihr
Kinderlein kommet‹ erklang, es müsse damit in erster
Linie »Ihr Kinderlein kommet in die Spielzeugabtei-
lung!« gemeint sein, aber das ist wirklich ein alter Hut.
Und den religiösen Hintergrund kann man ja heute auch
nicht mehr für bare Münze nehmen, wir brauchen Weihnachten längst nicht mehr als Fest des schlechten Gewissens und der Entschuldigung zelebrieren, die Zeiten
haben sich geändert. Einer neuerlichen Verkettung
unglücklicher Umstände bei der Herbergssuche hat die
zivilisierte Welt mittlerweile mit hervorragender Infra-
struktur vorgebeugt. Ich habe mir von Studenten und
hauptamtlichen Vagabunden, die vor allem in den Som-
mermonaten mit ermäßigten Bahnfahrkarten rund um die
Welt tingeln, erzählen lassen, daß es in jedem unschein-
baren Dorf bereits Jugendherbergen gibt, zwar nüchtern,

was Baustil und Raumausstattung betrifft, aber sauber und hygienisch einwandfrei: Von Ochs und Kuh und Stroh kann keine Rede sein. Von Thermofenstern, Klosett mit Wasserspülung und Gemeinschaftstelefon in der Frühstückshalle kann die Rede sein, tempora mutantur. In Bethlehem hat man, vermutlich im Bewußtsein gebrannter Kinder und wegen des schlechten Gewissens der Stadtverwaltung, sogar drei oder vier erbaut, wir wissen ja weder den Tag noch die Stunde. Jetzt kann er kommen, wir erbarmen uns seiner. An den Jugendherbergen soll es jedenfalls nicht scheitern, Jugendherbergen wird er überall finden, wenn er nicht gerade in Äthiopien zur Welt kommt, Kirchen und Pfarrheime auch. An die Hausordnung muß natürlich auch er sich halten, das Schwert darf er uns natürlich nicht bringen, da paßt der Portier auf.

Lasset also die alten Mythen und neuen Aufklärer beiseite, lasset die Kinder zu mir kommen. Weihnachten ist das Fest der Kinder und der strahlenden Kinderaugen, von da aus muß man die Sache anpacken. Zu Weihnachten freuen sich die Alten, daß sich die Jungen so freuen, weil es wieder Weihnachten ist. Wenn die Jungen ein wenig älter werden, ärgern sich die ein wenig älteren Alten, daß sich die älteren Jungen überhaupt nicht mehr freuen, bloß weil es Weihnachten geworden ist. So etwas Kindisches, nicht mehr kindisch sein zu wollen. Sobald aber die ein wenig älteren Jungen noch ein wenig älter geworden sind und selbst Junge zur Welt gebracht haben, freuen sie sich wieder ganz unbändig, daß die jungen Jungen so eine Freude mit dem Lichterbaum, den vielen Päckchen und all dem anderen Zauber haben. Alles schon dagewesen; alles eine Frage der Zeit.

Als wir, mein Bruder und ich, klein waren, drohten uns die Eltern für den Fall, daß unser Ungehorsam einmal zu bunte Blüten treibe, ständig damit, Weihnachten *abzuschaffen*. Jahre später machen sie uns die heftigsten Vorwürfe, daß *wir* das Weihnachtsfest abschaffen wollten, weil wir atheistisches, kirchenkritisches, antikapitalistisches und konsumdesorientiertes Gedankengut in dieses ordnungsgewohnte Haus brächten und auch an ihren lieben Gepflogenheiten nicht mehr so recht teilhaben wollen. Der Vater hat es vom Großvater und der Großvater vom Urgroßvater, von Generation zu Generation wurde das Brauchtum weitergereicht, uns reicht es jetzt plötzlich, so eine Anmaßung! Abschaffen sei alles, wozu wir noch fähig sind, die einen schaffen, die anderen schaffen ab, so als sei alles, was besteht, wert, daß es zugrunde geht. Nichts sei uns heilig, Sünde und Zerstörung, kurz das Böse, sei unser eigentliches Element, Unruhestifter seien wir, die Ausrotter und Abschaffer vom Dienst.

Einmal abgesehen davon, sind wir eine sehr intakte und geradezu vorbildliche Familie. Da gibt es den heiligen Hubertus, den heiligen Egydius, den heiligen Nikolaus, und die Helene ist auch sehr fromm; ha, das Wortspiel war nicht von schlechten Eltern. Gerade weil sich immer Abschaffungsgerüchte darum rankten und ein jeder insgeheim fürchtete, ein solcher Boykott könnte wirklich stattfinden, war Weihnachten bei uns seit ich denken kann das größte und aufwendigste Fest. Die Vorbereitungen setzten meistens schon im November ein, von da an duftete es im ganzen Haus in der angenehmsten Weise nach Bratäpfeln, Vanillekipferln, Linzerschnitten und anderen bekömmlichen Süßigkeiten. Nach Rumkugeln, Nüssen, Orangen und Datteln duftete es nicht, weil eben weder Rumkugeln noch Nüsse, Orangen oder Datteln duften. Auf die Fensterscheiben klebt die gute Mutter seit Jahr und Tag bunte Weihnachtssterne aus Seidenpapier, das ganze Haus dekoriert sie mit Tannenzweigen, Kunstkerzen und Heiligenbildchen, überall hängen Nikolausfiguren, Weihnachtsmänner und Engel aus Holz, der eine kommt mit dem Schlitten daher, der andere spielt Harfe oder Klarinette, auf dem Kamin sitzen drollige Puppen in Kärntner Bauerntracht. Wenn der Vater von draußen hereinkommt, lassen wir ihn sagen: Es weihnachtet sehr.

An jedem Adventsonntag, wenn die Dämmerung hereinbricht, ruft er die Familie zu einer Feierstunde zusammen. Da wird das elektrische Licht ausgeschaltet, die Kerzen am Adventkranz entzündet, wir zählen nach, wie viele es schon sind, und der Vater liest aus der Bibel vor, wie der heiligen Jungfrau Maria der Erzengel erscheint oder wie sie mit dem heiligen Josef der Volkszählung wegen nach Bethlehem wandert. Bevor er dann wie jedes Jahr und jeden Sonntag die Schallplatte von Karl Heinrich Waggerl auflegt, sagt die Mutter wie jedes Jahr und jeden Sonntag, daß wir Kinder mucksmäuschenstill sein müßten und der Vater nicht rauchen dürfe. Karl Heinrich Waggerl erzählt mit seiner einschmeichelnden Stimme von seiner Jugend auf dem Lande, wo es im Winter bitterkalt war und oft schneite, von seinen Erlebnissen als Ministrant, von der Krippe, die der Vater mit liebevoller Sorgfalt herrichtet, und vom Wunschzettelschreiben. Am Ende der Adventstunde betet die ganze Familie ein ›Vaterunser‹. So schön und einfach war das früher. Wir haben es uns natürlich etwas kosten lassen, daß alles so arm und bescheiden aussah. Heute, im Zug des allgemeinen Sittenverfalls, müßten wir nicht mehr mucksmäuschenstill sein, und der Vater dürfte ohne weiteres rauchen, wie die Mutter sagt, aber trotzdem fällt die Feierstunde jetzt dauernd aus.

Nach Tagen und Wochen der enthusiastischen Freude und angespannten Erwartung ist der Heilige Abend endlich gekommen. Wir warten, bis das helle Glöckchen erklingt, und treten aufgeregt und ein wenig verschämt in den Schein des Tannenbaumes, unter dem, gerecht aufgeteilt, vier Häufchen voller Geschenke liegen. Ein Weilchen müssen wir uns mit dem Auspacken aber noch gedulden, zuerst wird photographiert: Ich photographiere Vater und Mutter, der Vater die Mutter mit ihren beiden Söhnen, die Mutter den Vater mit ihren beiden Söhnen, und auf die Rückseite der Photographien schreiben wir die Jahreszahl, damit wir auch später noch wissen, welche Weihnachtsbilder zu welchem Weihnachten gehören.

Danach sagt der Vater zur Mutter »Fröhliche Weihnachten«, die Mutter sagt zum Bruder »Fröhliche Weihnachten«, der Bruder sagt zu mir »Fröhliche Weihnachten«,
ich wiederum zum Vater und so fort, bis jeder jedem
fröhliche Weihnachten gesagt und gewünscht hat, und
genau dann kommt der Moment, wo dem Weihnachtsfest
wirklich nichts mehr übrigbleibt, als fröhlich zu sein.

# Die Autoren

HEINRICH BÖLL, geboren am 21. Dezember 1917 in Köln, gestorben am 16. Juli 1985 in Langenbroich, erhielt 1972 den Nobelpreis für Literatur. Von Heinrich Böll sind im Deutschen Taschenbuch Verlag erschienen: ›Irisches Tagebuch‹ (1), ›Zum Tee bei Dr. Borsig. Hörspiele‹ (200), ›Ansichten eines Clowns‹ (400), ›Wanderer, kommst du nach Spa...‹ (437), ›Ende einer Dienstfahrt‹ (566), ›Der Zug war pünktlich‹ (818), ›Wo warst du, Adam?‹ (856), ›Billard um halb zehn‹ (991), ›Die verlorene Ehre der Katharina Blum oder: Wie Gewalt entstehen und wohin sie führen kann‹ (1150), ›Das Brot der frühen Jahre‹ (1374), ›Ein Tag wie sonst. Hörspiele‹ (1536), ›Haus ohne Hüter‹ (1631), ›Du fährst zu oft nach Heidelberg und andere Erzählungen‹ (1725), ›Fürsorgliche Belagerung‹ (10001), ›Das Heinrich Böll Lesebuch‹ (10031), ›Was soll aus dem Jungen bloß werden? Oder: Irgendwas mit Büchern‹ (10169), ›Das Vermächtnis‹ (10326), ›Die Verwundung und andere frühe Erzählungen‹ (10472), ›Weil die Stadt so fremd geworden ist...‹ (10754; zusammen mit Heinrich Vormweg), ›NiemandsLand. Kindheitserinnerungen an die Jahre 1945 bis 1949‹ (10787; zusammen mit Jürgen Starbatty), ›Frauen vor Flußlandschaft‹ (11196), ›Eine deutsche Erinnerung. Interview mit René Wintzen‹ (11385), ›Rom auf den ersten Blick‹ (11393), ›Nicht nur zur Weihnachtszeit‹ (11591), ›Unberechenbare Gäste‹ (11592), ›Entfernung von der Truppe‹ (11593), ›Gruppenbild mit Dame‹ (12248), ›Die Hoffnung ist wie ein wildes Tier. Briefwechsel mit Ernst-Adolf Kunz 1945–1953‹ (12300), ›Der blasse Hund‹ (12367), ›Der Engel schwieg‹ (12450), ›Und sagte kein einziges Wort‹ (12531); ›In eigener und anderer Sache. Schriften und Reden 1952–1985‹ (9 Bände in Kassette – 5962) in Einzelausgaben: ›Zur Verteidigung der Waschküchen. 1952–1959‹ (10601), ›Briefe aus dem Rheinland. 1960–1963‹ (10602), ›Heimat und keine. 1964–1968‹ (10603), ›Ende der Bescheidenheit. 1969–1972‹ (10604), ›Man muß immer weitergehen. 1973–1975‹ (10605), ›Es kann einem bange werden. 1976–1977‹ (10606), ›Die ‚Einfachheit‘ der ‚kleinen‘ Leute. 1978–1981‹ (10607), ›Feindbild und Frieden. 1982–1983‹ (10608), ›Die Fähigkeit zu trauern. 1984–1985‹ (10609).
›Krippenfeier‹ ................................................. 34
(Abdruck mit freundlicher Genehmigung des Kiepenheuer & Witsch Verlags, Köln. Aus: H. B., Gesammelte Erzählungen. Band 1. Köln 1981.)

DAPHNE DU MAURIER, geboren am 13. Mai 1907 in London, gestorben am 19. April 1989 auf ihrem Landsitz Kilmarth in Cornwall, begann 1928 ihre schriftstellerische Laufbahn mit Zeitungsaufsätzen und Kurzgeschichten. Viele ihrer zahlreichen Romane, wie z. B. der Welterfolg ›Rebecca‹, wurden verfilmt.

Von Daphne Du Maurier sind im Deutschen Taschenbuch Verlag erschienen:
›Die Großherzogin‹ (25093), ›Der kleine Fotograf‹ (25131).

›Fröhliche Weihnachten‹ ....................................... 132
(Abdruck mit freundlicher Genehmigung des Diana Verlags AG, Rastatt. Aus: D. D. M., Fröhliche Weihnachten. Zürich 1985. Deutsch von Christiane Halket.)

FRANCES FYFIELD wurde 1948 in Derbyshire geboren. Seit 1976 arbeitet sie in London als Anwältin, speziell im Bereich des Strafrechts. Darüber hinaus ist sie für die juristische Berichterstattung der Zeitschrift ›Woman's Realm‹ zuständig. Sie ist Verfasserin zahlreicher Romane, die sie zum Teil auch unter dem Namen Frances Hegarty veröffentlicht.

Von Frances Fyfield sind im Deutschen Taschenbuch Verlag erschienen:
›Schatten im Spiegel‹ (11371), ›Feuerfüchse‹ (11451), ›Dieses kleine, tödliche Messer‹ (11536), ›Im Kinderzimmer‹ (20143), ›Tiefer Schlaf‹ (20192).

›Kalt und tief‹ .................................................. 93
(Abdruck mit freundlicher Genehmigung der Autorin. © 1992 Frances Fyfield. Erstveröffentlichung unter dem Titel ›Cold and Deep‹ in ›The Guardian‹. Deutsch von Uda Strätling.)

GRAHAM GREENE, geboren am 2. Oktober 1904 in Berkhamsted/Hertfordshire, gestorben am 3. April 1991 in Vevey/Schweiz, Schriftsteller, Journalist und Filmkritiker, ist in Deutschland vor allem durch seinen Filmerfolg ›Der dritte Mann‹ (Roman 1950, dt. 1951) bekannt geworden.

Von Graham Greene sind im Deutschen Taschenbuch Verlag erschienen:
›Ein Mann mit vielen Namen‹ (11429), ›Ein Sohn Englands‹ (11576), ›Zwiespalt der Seele‹ (11595), ›Das Schlachtfeld des Lebens‹ (11629), ›Das Attentat‹ (11717), ›Die Kraft und die Herrlichkeit‹ (11760), ›Der dritte Mann‹ (11894), ›Jagd im Nebel‹ (11977), ›Unser Mann in Havanna‹ (12034), ›Der stille Amerikaner‹ (12063), ›Der Mann, der den Eiffelturm stahl‹ (12129), ›Der Honorarkonsul‹ (12187), ›Die Stunde der Komödianten‹ (12199), ›Orient-Expreß‹ (12573).

›Lieber Dr. Falkenheim‹ ....................................... 21
(Abdruck mit freundlicher Genehmigung des Paul Zsolnay Verlags Gesellschaft m. b. H., Wien. Aus: G. G., Erzählungen. Wien und Hamburg 1977. Deutsch von Petra Kipphoff.)

EGYD GSTÄTTNER, geboren am 25. Mai 1962 in Klagenfurt, studierte Germanistik und Philosophie. Er lebt heute als freischaffender Schriftsteller in Klagenfurt.

›Die heilige Familie‹ ........................................... 166

(Abdruck mit freundlicher Genehmigung des Residenz Verlags, Salzburg. Aus: Advent, Advent. Geschichten zur Vorweihnachtszeit. Herausgegeben von Alois Brandstetter. Salzburg und Wien 1988.)

MARLEN HAUSHOFER, geboren am 11. April 1920 in Frauenstein/Oberösterreich, gestorben am 21. März 1970 in Wien, studierte Germanistik in Wien und Graz und lebte später in Steyr. 1968 erhielt sie den österreichischen Staatspreis für Literatur.
Von Marlen Haushofer sind im Deutschen Taschenbuch Verlag erschienen:
›Begegnung mit dem Fremden‹ (11205), ›Die Frau mit den interessanten Träumen‹ (11206), ›Bartls Abenteuer‹ (11235), ›Wir töten Stella‹ (11293), ›Schreckliche Treue‹ (11294), ›Die Tapetentür‹ (11361), ›Eine Handvoll Leben‹ (11474), ›Die Wand‹ (12597), ›Die Mansarde‹ (12598), ›Himmel, der nirgendwo endet‹ (12599).

(Abdruck mit freundlicher Genehmigung des Claassen Verlags GmbH, Hildesheim. Aus: M. H., Begegnung mit dem Fremden. Erzählungen. Düsseldorf 1985.)

ELKE HEIDENREICH, geboren am 15. Mai 1943 in Korbach/Waldeck, verbrachte ihre Jugend im Ruhrgebiet, studierte Germanistik, Theaterwissenschaft und Publizistik in München, Hamburg und Berlin. Arbeitet seit 1970 als freie Autorin und Moderatorin für Funk, Fernsehen und verschiedene Zeitungen.
(Abdruck mit freundlicher Genehmigung des Rowohlt Verlags GmbH, Reinbek. Aus: E. H., Kolonien der Liebe. Erzählungen. Reinbek bei Hamburg 1992.)

STEPHEN KING, geboren am 21. September 1947 in Portland im US-Bundesstaat Maine, studierte an der Universität von Orono und wurde 1971 Lehrer in Hampden. Schon während seiner Studienzeit begann er Kurzgeschichten zu schreiben, veröffentlichte 1974 seinen ersten phantastischen Roman und avancierte zum Kultautor nicht nur in den USA.
(Abdruck mit freundlicher Genehmigung des Gustav Lübbe Verlags GmbH, Bergisch Gladbach. Aus: S. K., Nacht-Schicht. Meistererzählungen. Bergisch Gladbach 1984 und 1987. Deutsch von Barbara Heidkamp.)

CHRISTINE NÖSTLINGER, geboren am 13. Oktober 1936 in Wien, lebt als freie Schriftstellerin abwechselnd in ihrer Geburtsstadt und im Waldviertel. Sie schreibt Kinder- und Jugendbücher und ist für Zeitungen, Rundfunk und Fernsehen tätig.

Von Christine Nöstlinger sind im Deutschen Taschenbuch Verlag erschienen:

›Haushaltsschnecken leben länger‹ (10804), ›Das kleine Frau. Mein Tagebuch‹ (11452), ›Manchmal möchte ich ein Single sein‹ (11573), ›Einen Löffel für den Papa‹ (11633), ›Streifenpullis stapelweise‹ (11750), ›Salut für Mama‹ (11860), ›Mit zwei linken Kochlöffeln‹ (12007), ›Werter Nachwuchs‹ (20049 und 25076), ›Management by Mama‹ (20112), ›Mama mia!‹ (20132), ›Liebe Tochter, werter Sohn!‹ (20221 und 25136); ›Die feuerrote Friederike‹ (7133), ›Ein Mann für Mama‹ (7307), ›Liebe Susi! Lieber Paul!‹ (7577), ›Der Denker greift ein‹ (70164), ›Susis geheimes Tagebuch/Pauls geheimes Tagebuch‹ (70303), ›Mini fährt ans Meer/Mini als Hausfrau‹ (70364), ›Mini muß Schi fahren/Mini bekommt einen Opa‹ (70383), ›Echt Susi‹ (70406), ›Mini und Mauz/Mini ist die Größte‹ (70426), ›Mini trifft den Weihnachtsmann‹ (70497), ›Liebe Oma, Deine Susi‹ (70522), ›Mini muss in die Schule‹ (75051).

(Abdruck mit freundlicher Genehmigung des Niederösterreichischen Pressehauses, St. Pölten. Aus: C. N., Haushaltsschnecken leben länger. St. Pölten und Wien 1985.)

HANS SCHEIBNER, geboren am 27. August 1936 in Hamburg, ist gelernter Verlagskaufmann, Journalist, Texter und Liedermacher. Bekannt wurde er u. a. durch seine satirische Fernsehsendung ›Scheibnerweise‹. Er lebt in Hamburg.

Von Hans Scheibner ist im Deutschen Taschenbuch Verlag erschienen:
›Der Weihnachtsmann in Nöten‹ (25036).

(Abdruck mit freundlicher Genehmigung des Autors. Aus: H. S., Der Weihnachtsmann in Nöten. Satiren. München 1986.)

KETO VON WABERER, in Augsburg als Tochter einer Deutschen und eines Bolivianers geboren, verbrachte ihre Kindheit in Tirol, lebte viele Jahre in Mexiko und in den USA, wohnt heute als freie Schriftstellerin in München. Sie studierte Kunst und Architektur und arbeitete als Architektin, Übersetzerin und Journalistin.

Von Keto von Waberer sind im Deutschen Taschenbuch Verlag erschienen:
›Der Schattenfreund‹ (11326), ›Die heimliche Wut der Pflanzen‹ (11405), ›Der Mann aus dem See‹ (11564), ›Böse Menschen‹ (11715), ›Fischwinter‹ (12091).

(Aus: K. v. W., Böse Menschen. Deutscher Taschenbuch Verlag GmbH & Co. KG, München 1993.)

JOHN WATERS, geboren 1946 in Baltimore, Maryland, ist als Autor und Regisseur international bekannt. Er schreibt u. a. für ›Vogue‹ und ›Playboy‹.

(Abdruck mit freundlicher Genehmigung der Ullstein Buchverlage GmbH und Co. KG, Berlin. Aus: J. W., Abartig. Meine Obsessionen. Frankfurt am Main und Berlin 1989. Deutsch von Armin Kaiser.)


FAY WELDON, geboren am 22. September 1933 in Alvechurch/Worcestershire, aufgewachsen in Neuseeland, studierte Psychologie und Ökonomie in Schottland. Sie lebt heute in London und Somerset. Ihr Roman ›Die Teufelin‹ (1983, dt. 1987) wurde mit großem Erfolg verfilmt.
Von Fay Weldon sind im Deutschen Taschenbuch Verlag erschienen: ›Die Teufelin‹ (11132 und 25065), ›Herzenswünsche‹ (11197), ›Du wirst noch an mich denken‹ (11225), ›Kleine Schwestern‹ (11305), ›Frau im Speck‹ (11378), ›Sterndame‹ (11426), ›Hier unten bei den Frauen‹ (11515), ›Kein Wunder, daß Harry sündigte‹ (11560), ›Die Klone der Joanna May‹ (11671), ›Der Mann ohne Augen‹ (11778), ›Darcys Utopia‹ (12128).
(Abdruck mit freundlicher Genehmigung des Verlags Antje Kunstmann GmbH, München. Aus: F. W., Der Mann ohne Augen. Stories. München 1991. Deutsch von Sigrid Ruschmeier.)


GABRIELE WOHMANN, geboren am 21. Mai 1932 in Darmstadt, studierte Germanistik und Musikwissenschaft. Sie lebt in Darmstadt.
(Abdruck mit freundlicher Genehmigung des Piper Verlags GmbH, München. Aus: G. W., Er saß in dem Bus, der seine Frau überfuhr. Erzählungen. Hamburg und Zürich 1991.)